La Voz de Amor

La Voz de Amor

La Voz de Amor

Servando Cárdenas
Editado por Alfredo E. Cárdenas y Javier Villarreal

La Voz de Amor

MCM Books, Septiembre 2016

Propiedad literaria © 2016 por Alfredo E. Cárdenas

Todos los derechos reservados. Ninguna parte de esta publicación, incluyendo el diseño de cubierta, puede ser reproducida, transmitida o almacenada en un sistema de recuperación, de cualquier forma o por cualquier medio, sin permiso previo, por escrito, del editor. Ni tampoco se hará circular en ninguna otra forma de encuadernación o cubierta otra que la propia y sin una condición similar, adjudicando estas condiciones al comprador sucesivo.

La gráfica en la contraportada del libro representa una página mecanografiada por una máquina de escribir antigua. Dado que las máquinas de escribir de antaño no tenían teclas para las marcas diacríticas, puede parecerle a usted, el lector, que la página contiene algunos errores de ortografía, por lo tanto, los signos diacríticos se incluyeron manualmente una vez mecanografiada la página.

Publicado en los Estados Unidos por MCM Books.

Corpus Christi, Texas, 2016.

Todos los Derechos Reservados.

ISBN: 978-0-9967473-0-1

Número de Control de la Biblioteca del Congreso: 2016905295

Dedicación

Para los hijos de Servando Cárdenas:
Servando (†), Blanca (†), Gloria (†), María (†), Eduardo,
Evangelina, Manuel (†), Arnoldo (†), Luis, Alfredo,
Mario, y Gabriela.
Qué siempre mantengan viva la memoria de papá en sus
corazones y que compartan su herencia literaria con sus
hijos e hijas, nietos y nietas, y demás familiares.

La Voz de Amor

Nota Introductoria

Nadie escoge ni su historia ni su familia. Estos grandes preceptos forjan los cimientos de nuestra idiosincrasia, pues en ellos ciframos nuestros valores y construimos la vida que llevamos en la comunidad.

Sin embargo, en este país donde nuestra presencia apenas se menciona en los textos de historia, es necesario investigar para hacer del conocimiento general nuestras aportaciones a la sociedad donde pertenecemos.

Por lo tanto, el recobrar las contribuciones de nuestros antepasados significa reconstruir el legado histórico de Texas. Las piezas de un todo, por sí solas, no poseen gran valor informativo, pero al integrarlas al acervo sociocultural, a partir de las aportaciones genuinas de todos los partícipes en la formación de esta colectividad, conlleva un valor histórico incalculable, difícil de silenciar.

Descubrir nuestro pasado, entonces, significa delinear de una manera genuina el plano histórico de este gran estado. Texas tiene voz, lo sabemos, pero esta no solo se escribe en inglés (basta con ver el nombre de ciudades, montañas y ríos, etc.) como se presume.

Debido a ello, publicar los poemas de Servando Cárdenas, nos permite, simplemente, abrir un portal temporal para conversar con él. En esa conversación, le damos la oportunidad

La Voz de Amor

de compartir aspectos culturales y literarios que hablan de nuestra propia individualidad tejana. Sus vivencias reflejan el sentir de nuestros familiares de quienes poco sabemos y de quienes la historia ha mantenido en silencio.

En conclusión, si conocer nuestra historia significa conocernos a nosotros mismos, hablar de Servando Cárdenas es dialogar con nuestros antepasados. Por ende, la difusión de su obra propone enaltecer el orgullo cultural nuestro en una sociedad empeñada en acotar nuestra presencia histórica y cultural dentro del desarrollo de este país.

Además, gustaría agradecer la oportunidad que me ofreciera el señor Alfredo Cárdenas de hacer un recorrido reconstructivo de las secciones narrativas de este poemario. Pues estoy convencido que el legado de nuestras familias nos ofrece la oportunidad de agregar a los libros de historia y cultura una aportación positiva de nuestros antepasados. Conocer nuestra historia es conocernos a nosotros mismos. La retrovisión y la difusión de los logros de los nuestros nos ayuda a demarcar nuevos senderos y modificar actitudes en nuestra sociedad, para que nosotros, como miembros de la comunidad, ocupemos el lugar que nos corresponde en la historia y en la cultura de este gran estado de Texas.

Atentamente,
Javier Villarreal, PhD.
Corpus Christi, Texas
14 de agosto de 2016.

AGRADECIMIENTOS

Este libro se realizó gracias al apoyo de varios familiares y admiradores cuyas contribuciones y aliento facilitaron su publicación. La persona que merece nuestro agradecimiento, más que nadie, es, sin duda, mi hermano Manuel Cárdenas. El conservó, recopiló y transcribió todos los poemas disponibles de nuestro padre. Sin su empeño, no habríamos logrado hacer público este aspecto literario de mi padre tan importante para la familia y de gran interés histórico y cultural para la comunidad. Desgraciadamente, Manuel no fue testigo de los frutos de su esfuerzo, pues falleció en 2010, pero se manifiesta en este poemario que representa el legado de nuestro padre, Servando Cárdenas.

Este poemario no hubiera sido terminado sin la generosa aportación del Dr. Javier Villarreal, quien recientemente se jubiló de la Universidad de Texas A&M University Corpus Christi, donde fungió como profesor de español por más de 20 años. El Dr. Villarreal no sólo corrigió el trabajo, sino que hizo un meritorio análisis e interpretación de la obra de mi padre y recalcó su valiosa contribución a nuestra historia y cultura en el sur de Texas. Por ello, siempre estaré agradecido.

Agradezco, también, a María Cristina Guzmán de Arizpe, mi prima, quien encontró entre las pertenencias heredadas de su madre (mi tía Blanca) dos poemas de papá que posteriormente me hizo llegar y que se agregaron a la obra. Además, María Cristina compartió un diario de nuestra abuela Rafaela

La Voz de Amor

que había conservado y que nos ayudó a perfilar una biografía más completa de mi padre.

Asimismo, le doy las gracias a mi sobrina Regina Garza por haber conservado y compartido un par de fotografías, incluyendo la fotografía de la portada que dejó Blanca, mi hermana, y abuela de Regina. Las fotografías forman parte del poemario y aportan un plano histórico que complementa el aspecto literario y familiar de la obra.

De la misma manera, va mi agradecimiento para dos admiradores de la obra de mi padre: el señor O.B. García y la señora Sara Flores, quienes encontraron, entre sus pertenencias, poemas publicados por otros medios a lo largo de los años y que cedieron para esta publicación.

Igualmente, mi gratitud al doctor Tino Villanueva quien dio a conocer la obra poética de mi padre a una nueva generación de lectores. Después de una visita a casa y una plática amena con mi padre, el Dr. Villanueva seleccionó algunos poemas que aparecen en "Chicanos, Antología histórica y literaria", obra publicada por el Fondo de Cultura Económica de México, D.F., en 1980. Asimismo, damos las gracias al escritor/editor Dagoberto Gilb, quien tuvo a bien seleccionar poemas de papá para su obra "hecho en tejas" an anthology of texas mexican literature" publicada por University New Mexico Press de Albuquerque, New Mexico, en 2008. Mi agradecimiento también va para Juan Rodríguez, profesor jubilado de Estudios Chicanos en Texas Lutheran University, quien después de haber leído el manuscrito nos dio

Agradecimientos

sugerencias y recomendaciones para su publicación. Por fin, gracias a mi hijo Matthew Cárdenas quien diseñó el forro de este libro.

Mis más sinceras disculpas para aquellas personas que de alguna manera directa o indirecta contribuyeron a la publicación de este proyecto, pero que debido a un descuido de mi parte no fueron reconocidas en la obra.

La Voz de Amor

Servando Cárdenas

Prólogo

Antes de hablar sobre este libro y su autor aprovecho la ocasión para subrayar un asunto de corte personal. En relación al uso y dominio del español, yo no tengo la capacidad de mi padre, ni siquiera tantito. En mi opinión personal, mi padre fue un gigante intelectual. Yo, al contrario, tengo mis limitaciones, particularmente, al escribir español. Mi padre se educó en México, en español; yo, en Estados Unidos. Aquí dediqué un año en la primaria a estudiar español con la señorita Rodríguez. Lo que sé lo he aprendido por osmosis, mayormente. Afortunadamente, en nuestra casa se hablaba inglés y español. Mi madre, Aurora Esparza, nació, se crió y se educó en San Diego, Texas. Ella hablaba los dos idiomas. Mi padre, Servando Cárdenas, nació, se crió y se educó en Linares, Nuevo León. Además, él hablaba exclusivamente en español, no porque careciera de un dominio pleno del inglés, sino que su preferencia, en toda ocasión, fue el español. Era capaz de rellenar un crucigrama en inglés, sin ningún problema. Durante su breve estancia en el ejército estadounidense, los "hillbillies" de Arkansas lo buscaban para que les escribiera o leyera su correspondencia. Fue un maestro de la lengua de Cervantes y conocía a fondo la lengua de Shakespeare.

Mi padre nació el 6 de enero de 1910 en la hacienda Purísima, cerca de Linares, Nuevo León. Su padre, llamado Servando también, era el gerente de la hacienda. Mi abuelo era alto, delgado y con un bigote siempre bien cuidado. Siempre

La Voz de Amor

llevaba traje, o al menos así lo veíamos cuando nos visitaba, o tal vez, se vestía de esa manera cuando salía de viaje.

En el poema titulado "Retrato de mi padre", mi papá lo describió de esta manera:

...un hombre distinguido,
casta de hombres en estos tiempos rara;
Tenía de la moral un gran sentido,
palabra firme y una sola cara.

Mi abuela, Rafaela Torres de Cárdenas, falleció cuando mi papá tenía escasos 10 años de edad. Su muerte fue un golpe muy duro para mi padre, principalmente. De su deceso, dice:

No hubo en su tumba rosas ni alcanfores,
ni violetas, ni nardos...ni una palma
yo reemplacé doliente aquellas flores
¡con amargas lágrimas de mi alma!

Servando y Rafaela tuvieron cuatro hijos que llegaron a la madurez: Servando, Blanca, Arnoldo y Álvaro, y cuatro que fallecieron en la infancia: María, el primer Arnoldo, Rolando, y un niño que nació muerto, a quien no se le dio nombre. Mi padre también tuvo dos medios hermanos: Manuel y Norberto. Mi tío Manuel, el mayor, permaneció en Linares toda su vida. Mi tío Norberto, sin embargo, después de residir un breve tiempo con mi padre en San Diego, se mudó a Nuevo Laredo, Tamaulipas. Ahí radicó el resto de sus días. Mi tía Blanca siempre fue la consentida de mi padre. Ella hizo su vida en Monterrey, Nuevo León, al igual que mi tío Álvaro.

Prólogo

En cambio, mi tío Arnoldo, lamentablemente, murió de tuberculosis a una edad muy temprana.

Mi abuela sabía de su enfermedad y contaba los días. Antes de morir, nos heredó un álbum donde nos legó consejos de conducta para toda la familia. Estas fueron sus palabras:

> Pido que tengan un claro entendimiento,
> que sean honrado ciudadanos,
> amables esposos y cariñosos padres,
> y mi hija sea un ángel en el hogar.

A la edad de 13 años, papá se huyó de casa con intenciones de llegar a los estados unidos de América del norte. Pensó si seguía el ferrocarril con tiempo llegaba a la frontera. Sin embargo, al llegar a Monterrey se convirtió en aprendiz de un panadero. El panadero, sin que papá supiera, le sacó suficiente información en pláticas para comunicarse con mi abuelo quien fue a Monterrey para traerlo para atrás a la hacienda.

Pero papá estaba convencido que su futuro estaba en el otro lado del río, o quizás nada más estaba en busca de aventuras. Como quiera que sea, cuatro años después, a la edad de 17 años, papá hizo camino para Brownsville, Texas donde tenía un tío materno.

Una vez en Texas, mi padre se sumó, por tres o cuatro años, a un grupo *vaudeville* con funciones a lo largo del Valle del Río Grande. Al mismo tiempo, se ocupó como aprendiz en una imprenta en Mercedes, Texas. Fue allí, en esa imprenta,

La Voz de Amor

donde, sin saberlo, forjó su destino. En esos años, operaba en San Diego, Texas, un taller de imprenta de Francisco González o mejor conocido como Don Pancho Pico. Él era el dueño del taller y publicaba un periódico en español--La Libertad. Cierto día, se dio la necesidad de ocupar a un empleado para el taller y don Pancho Pico envió a su hijo al Valle, en busca de un impresor dispuesto a mudarse a San Diego para trabajar. Por fortuna, encontró a mi padre; puesto y dispuesto para una nueva aventura.

En San Diego, el tiempo transcurrió sin muchos cambios. La vida seguía igual y la juventud le sonreía. Como era un hombre joven y sin compromisos, mi padre se dedicaba al ocio: jugaba billar y se divertía con sus amigos. Al poco tiempo, sin embargo, conoció a una joven y se enamoró. Al entusiasmo del amor, le siguió el matrimonio y, justo después, la noticia de un embarazo; un bebé venía en camino. Hasta entonces, mi padre recibía su pago esporádicamente, al antojo de don Pancho, pero ahora con obligaciones decidió informarle de la importancia de obtener su sueldo a tiempo. Desgraciadamente, la respuesta de don Pancho fue llamar a la migra, debido a que mi padre aun no contaba con sus documentos para trabajar legalmente en Estados Unidos.

Como resultado, mi padre fue deportado a México y volvió a la hacienda otra vez. Pero no regresó solo, se llevó a mi madre, ya embarazada. Los dos se alojaron en la hacienda, en una casa muy humilde que mi abuelo les proporcionó. Pero de nuevo apareció el presentimiento de que el Norte les auguraba un futuro mejor, mas en esta ocasión la corazonada la tuvo mi madre. Ella deseaba que su hijo naciera en Estados

Prólogo

Unidos. Y así sucedió, antes de dar a luz a mi hermano mayor en diciembre de 1932, mamá regresó a San Diego a residir con su familia. Papá permaneció en México, pero no por mucho tiempo. Poco después, se despidió de su padre y partió con rumbo a Nuevo Laredo, Tamaulipas. Ahí tramitó sus documentos migratorios y emigró, oficialmente, a este país.

Al llegar a San Diego, nuevamente, estableció un negocio propio: una imprenta. En 1935, papá empezó a publicar el periódico semanal, La Voz, Semanario Independiente de Información en San Diego, Texas. El propietario de La Voz era Carlos Peña y mi padre era el director. Norberto, mi tío, también se mudó a San Diego y trabajó para el periódico. Durante su estancia en el Valle del Río Grande, papá publicó por un tiempo breve la revista literaria--Alma Azul, en Mercedes, Texas. Además, de 1938 a 1941, publicó las revistas--Alma, en San Diego, y Cumbres, en Victoria, Texas. Estas publicaciones le dieron a mi padre la oportunidad de difundir su talento literario, publicando sus poemas en revistas propias, periódicos de la región y de América Latina.

En una columna titulada "Paréntesis Lírico", La Voz no solo publicaba poesías de mi padre, si no también, patrocinaba a otros poetas conocidos de ese tiempo, como por ejemplo: A.J. Alba, Pedro García Argáez, M.R. Blanco Belmonte, David Alberto Cossío, José Santos Chocano, E. del Campo, José Díaz, Eneas, Julio Flores, Juan Esquivel y Fuentes, Ricardo Gil, Otilio González, Jorge Ramón Juárez, Ricardo León, Margie López, Salvador Díaz Mirón, Manuel Gutiérrez Nájera, Ricardo Nieto, Raúl Dehesa y Núñez, Adolfo León Osorio, María Luz de Quiroz, Ricardo Alonso Sarabia, Luis

Mora Tovar, Francisco Villaespesa y Juan Pérez Zúñiga.

De la misma manera, en otra columna titulada "La canción popular", La Voz incluía las canciones populares de reconocidos compositores del momento: Luis Saldaña Colín, Carlos Gardel, José Bohr Gómez, Maruja Gómez, Jesús Hernández, Agustín Lara, Eliza García López, S.M. Lozano, José Sabre Marroquín, Alfonso Esparza Oteo, Manuel M. Ponce, Miguel Prado, Pedro Vargas y otros más.

Es obvio que el motivo de mi padre no era solamente informar, sino que pretendía e con sus publicaciones de inculcar en sus lectores un sentido de orgullo cultural y valor familiar, acá en este lado, en una época donde la lengua y la cultura mexicanas no se valoraban si no que se menospreciaban a diestra y siniestra

Por desgracia, las múltiples obligaciones fueron minando, paulatinamente, la energía de mi padre, y al no ganar lo suficiente para sacar adelante a su familia, terminó por clausurar la publicación de La Voz en agosto de 1936.

Su familia aumentaba. Esa era la realidad. Mi hermano mayor, Servando Ildefonso, nació en 1932, mi hermana Blanca Aurora en 1934, Gloria en 1935, María de los Ángeles en 1936, Eduardo en 1938, Evangelina en 1940, Manuel en 1942, Arnoldo en 1944, Luis en 1946 y Alfredo, un servidor, en 1948. Lamentablemente, Gloria y Arnoldo fallecieron pocos meses después de haber nacido; el destino de mi hermano Arnoldo parecía estar predestinado por las muertes prematuras de sus tíos que llevaron el mismo nombre.

Prólogo

Ya cerrada la imprenta, se vio obligado a buscar otra manera de mantener a la familia. Así que, en 1944, mi padre se alistó al ejército estadounidense y se reportó a la base militar Fort Sam Houston, en San Antonio, Texas. Ahí fue asignado al 78º Regimiento de Infantería de los Estados Unidos.

Posteriormente, fue reasignado a la base Camp Robinson, en Little Rock, Arkansas. Antes de su traslado, no obstante, papá volvió a casa con permiso militar para despedirse de la familia. Mi madre como mantenía un diario documentó la visita. Ella nos cuenta que papá estaba:

"muy orgulloso de sí mismo, con su uniforme. Fue un día muy feliz".

En esa ocasión regresó a casa con permiso de emergencia para estar presente durante la intervención quirúrgica de mi hermana María. Poco después, papá fue dado de baja por causas de fuerza mayor y regresó al hogar para cuidar de mi hermana enferma y de toda la familia. Aun así, se sentía agradecido y orgulloso de haber sido parte de las fuerzas armadas de este país donde lo trataron muy bien.

El tener una familia grande le trajo a mi padre muchos compromisos y, poco a poco, se alejó de la poesía. Su preocupación residía, mayormente, en el bienestar de su familia. No sé con certeza en qué año ocurrió, pero papá empezó a trabajar en la imprenta del periódico: Freer Enterprise, del señor Virgil Guthrie. Este puesto pasó a ser su principal fuente de ingreso por muchos años, aunque operaba, a la vez, su propia imprenta para suplementar sus gastos.

La Voz de Amor

Tristemente, en la década de los sesenta, mis padres se divorciaron. Pero fue en ese mismo año también que mi padre se casó, por segunda ocasión. Contrajo matrimonio con Elena Muñoz. Para entonces, ya no estaban en edad para procrear y adoptaron a dos bebés: Mario Guillermo y Gabriela Denise, a quienes criaron como hijos propios.

Poco después de su segundo matrimonio, mi padre trasladó su taller de imprenta a su nueva residencia, cerca del centro de la ciudad, ya que estaba en el patio de nuestra casa.

Esta fue una decisión premonitoria, ya que en 1971 la ciudad de San Diego sufrió la peor inundación en 100 años. Y como nuestro hogar estaba situado a menos de una cuadra del arroyo San Diego, el agua aumentó, entró, subió cuatro pies de alto en la casa y destruyó muchas cosas, por ejemplo: nuestros recuerdos, álbumes fotográficos y pertenencias en general. Lo mismo habría ocurrido con los poemas y periódicos de mi padre si el taller hubiera permanecido en nuestra casa.

Cuatro años más tarde, en 1975, tuve la oportunidad de trabajar para el Senador John Tower en Austin, Texas, como Auxiliar Especial en Asuntos Mexicoamericanos. En ese cargo, tuve la oportunidad de conocer el personal de la biblioteca Nettie Lee Benson Latin American Collection de la Universidad de Texas. Ellos recolectaban periódicos publicados en español en el estado de Texas para una colección especial. Fue entonces cuando les mencioné La Voz, de mi padre, y ya interesados decidieron conservarlo en microfilm, preservando todos los poemas publicados en el periódico y

Prólogo

algunos otros que sobrevivieron la inundación.

Durante ese tiempo y en la misma biblioteca conocí a Tino Villanueva. Un joven de estudios de posgrado que preparaba su tesis doctoral en literatura chicana. Fue él quien descubrió e incluyó cinco poemas en su tesis publicada en 1980. Inclusive, yo desconocía algunos de esos poemas, pero me alegro que gracias a esas coincidencias imprevistas de la vida los poemas de papá seguirán vigentes entre los lectores de esta generación.

El último poema que papá escribió se lo dedicó a su padre y fue publicado en la revista Futurama de la capital de México en 1978. El último verso, sin embargo, lo compuso en 1991, cuando fui elegido alcalde de San Diego, Texas. Para armar su verso, aprovechó una voz muy común en el habla tejana "mayor" y dice:

> Mi hijo el menor
> es el *mayor*.

La palabra "mayor" existe en las dos lenguas, pero con significados diferentes: en inglés describe un puesto gubernamental (alcalde), mientras que en español denota una persona "con más años o con más importancia". En cambio, la palabra "menor" significa todo lo contrario: una persona con menos años y de menos importancia. Un verso perfecto, puesto que yo era el hijo menor y el alcalde o "mayor" de la ciudad.

Papa falleció en 1997, a la edad de 87 años. Su muerte fue reconocida por el senado del estado de Texas y también, por periódicos como el Corpus Christi Caller Times. Este reconocimiento se debe al impacto que tuvo en la comunidad y al espíritu de perseverancia manifestado a lo largo de su vida.

Debido a que papá gozaba de un dominio pleno del idioma español, muy superior al mío, me atrevo con gran prudencia a preparar una introducción a cada uno de los apartados de este poemario. Las divisiones del poemario están organizadas de acuerdo a cinco temas principales: amor romántico, amor familiar, amor patriótico, amor cultural y amor espiritual. Es posible que debido a la falta de dominio del español algunos de los poemas pertenezcan a más de un apartado o aparezcan en lugares equivocados. Es un riesgo que tomo con mucha calma. Les cedo a los lectores la última palabra: que disfruten de los poemas a su manera. Yo simplemente presento la obra de mi padre y la comparto con ustedes porque me niego rotundamente a que caiga en el olvido.

En uno de sus poemas más reconocidos, "Los Pachucos", dice papá "...yo en poesía por salir del paso meto ripio tras ripio y adelante". Y así es como yo, después de los retos presentados por este poemario, les dejo el paso libre. Adelante, amantes de la poesía, cultura e historia. ¡Qué la disfruten tanto como yo!

Alfredo E. Cárdenas
Septiembre 2016
Corpus Christi, Texas

Indicé

Dedicación	v
Nota Introductoria	vii
Agradecimientos	ix
Prólogo	xiii
Poemas de Amor Romántico	1
Poemas de Amor Familiar	69
Poemas de Amor Patriótico	89
Poemas de Amor Cultural	113
Poemas de Amor Espiritual	137

La Voz de Amor

Poemas de Amor Romántico

Es natural que un poeta motivado por el tema del amor se dedique a elevar los sentimientos de su primer amor. Mi padre así lo hizo. Alabó los sentimientos románticos que despertara Aurora, su primer amor, y con quien se casaría más tarde. El poema "Nupcial" se lo dedica a ella, "A mi adorable novia, Aurora Esparza, el día de nuestra boda..." Con el corazón en la mano exclama:

> ¡Eres mía por fin, ven y gocemos
>   la ilusión de nuestro amor, a solas!
> ¡Eres mía! Nuestro amor circundaremos
>   con albas e ilusorias aureolas.

En este poema augura que encontrarán tempestades, pero confirma sobreponerse a cualquiera adversidad, si ella está a su lado. Y los contratiempos, tal como lo había previsto, no tardaron en presentarse. Uno de los principales fue su deportación a México. Salió del país acompañado de su esposa en estado de embarazo, aunque ella volviera a San Diego más tarde a dar a luz. Fue durante estos años que papá escribió algunos poemas para alentarla. Compuso, por ejemplo, "Penas que pasan", y reconoce que "nuestros sueños en pesadillas se han transformado". Su alma estaba "triste" y "llena de angustia" debido a que le hacía falta su "querida Aurora". Él debía ser el fuerte ante la adversidad y le pide, en este verso, que no pierda la fe. Declara:

La Voz de Amor

    Haré que mi alma sea más fuerte,
        que esperar pueda, a Dios le pido;
    porque he llegado tanto a quererte,
        que es imposible dejar de verte,
           después de tanto que hemos sufrido.

En el verso siguiente comparte sus sentimientos sobre su amada. Le asegura a su "querida Aurora" que su amor no es solamente un amor físico, pues, "...pagué con mi vida el amarte". Agrega "mañana que ya nos separe el viento fatal de la muerte..." todavía "hay algo que amar en la vida". En otro poema titulado "Para el futuro" clama:

    No olvides el nombre sagrado
        que mi alma llegó un día a darte,
    que si es el amor un pecado,
        pagué con mi vida el amarte.

La palabra "aurora" significa amanecer y, metafóricamente, es un despertares luz. Como Aurora fue su primer amor, le rinde honor a ese despertar suyo, a esa luz que le abrió los ojos. Por consiguiente, el nombre de su amada reaparece en varios de los poemas, aun en aquellos que no son de corte romántico. Los poemas titulados "Compasión", "Confesión", "¡Espera, corazón!" se engalanan con esta voz. De igual manera, lo emplea en combinación con otros adjetivos como en "blanca aurora" que aparece en los poemas "Penas y lágrimas" y "Resurge". No es sorprendente, entonces, que su primera hija llevará el nombre de Blanca Aurora, ya que la hermana del poeta se llamaba Blanca y su esposa Aurora. Bautiza a su hija con un bello nombre y honra a dos mujeres

Poemas de Amor Romántico

importantes en su vida.

Muchos de los versos de mi padre se enfocan en el amor romántico y comparten un tema positivo, pero algunos de ellos también reflejan la pena a causa de un amor perdido. Naturalmente, una de las desdichas más grandes de cualquier ser humano es la pérdida de la madre. Este dolor ni se vence, ni se olvida. El poeta refleja su dolor en el poema titulado "Mujer y poeta", donde su amada le interroga por qué "siempre estás pensativo...siempre triste". La respuesta del poeta humaniza y conmueve:

¿Porqué lloras? Me has dicho conmovida
   cuánto ves que mis ojos vierten llanto:
Es que piensa mi mente enloquecida
que no volveré a ver más en la vida
   a la madre a quien yo quería tanto.

Nos enternece en este verso la voz de un "corazón atormentado" y sentimos el dolor y melancolía del dolor. El poeta siente, a lo largo del camino, el vacío de la madre muerta.

Imagino que mi padre tuvo amores en su juventud y, por lo tanto, desamores. Cuando papá emigró a Estados Unidos era un joven saludable y vigoroso de 17 años de edad. En los tres años, aproximadamente, que permaneció en el Valle como miembro del grupo de Vaudeville estoy convencido que conoció mucha gente y se relacionó con algunas mujeres. Es concebible que esos encuentros aunados con la experiencia de la pérdida del amor de su madre hayan creado en su alma un aspecto personal oscuro y, en ciertas ocasiones, hasta mórbido. En los poemas "¡Ramera!", "¡Vienes tarde!" y "Ya

3

no me hables de amor", por ejemplo, expresa el perdón, la desesperación y el rechazo de amores perdidos. Sin embargo, en el poema "¡Despreciame!" expresa el sentir de un enamorado perdonando la falta de un amor, y exclama:

Tranquila llegarás hasta la gloria
llevando siempre impreso en tu memoria,
el perdón que te dio mi pecho amante.

Sin lugar a dudas, una de las grandes preocupaciones de mi padre fue el amor. Y como ocurre en todos los seres humanos conoció el amor y el desamor, la entrega y la traición, y sobre todo el amor familiar. Estas angustias y quebrantos, particularmente, la celebración del amor la presenta a lo largo y a lo ancho de su obra. En su sentir, nos relacionamos con un hombre que amó, sufrió, y tuvo que afrontar adversidades sentimentales difíciles de superar. Sentimos el gusto, el placer, la angustia y el desencanto de un ser humano que supo contraponerse a las desgracias con la cabeza en alto, sacar a su familia adelante y disfrutar de sus triunfos.

Mi Amor

Nunca ha sido mi amor el pordiosero,
que a los pies de una dama se arrodilla;
ni el que hipócritamente zalamero
busca la miel de la pasión que humilla.

Nunca ha sido tampoco el altanero
que pisa el cáliz de la fe sencilla.
Si una flor se marchita en su sendero
siempre en su cielo una esperanza brilla.

Mi amor no busca el oro ni la gloria,
ni la dicha mundana y transitoria
que fácilmente el corazón confunde;

Nunca en su seno deslealtad anida,
porque es la esencia pura de la vida
que en otra vida idéntica se funde.

«‹‹◊››»

La Voz de Amor

Nupcial

*A mi adorable novia, Aurora Esparza,
el día de nuestra boda...*

La campana ya suena, Aurora mía;
  ¿No escuchas sus simbólicos tañidos?...
Nuestros dos corazones este día,
  placenteros confunden sus latidos.

La campana ya suena alegremente
  y sus ecos repercuten en el cielo;
saturado de ilusión está el ambiente;
  el triunfo ha coronado nuestro anhelo.

¡Eres mía por fin, ven y gocemos
  la ilusión de nuestro amor, a solas!
¡Eres mía! Nuestro amor circundaremos
  con albas e ilusorias aureolas.

»»

Poemas de Amor Romántico

No pensemos en rudas tempestades
   que a nosotros vendrán, tal vez mañana,
a turbar con sus torpes realidades
   un alma, que de dos formóse hufana.

Ahora que la suerte nos convida
   a unir en el amor nuestros destinos
seguiremos unidos de la vida
   sus largos y enigmiticos caminos.

Unidos, Aurora, siempre unidos,
   iremos hasta el fin de la jornada,
cuando ya nuestros últimos latidos
   nos muestren de otro mundo la alborada.

《《◊》》

La Voz de Amor

Penas Que Pasan

Quizás recuerdes cuando te dije,
   lleno mi pecho de un grato anhelo:
¡Somos felices! ¿Que nos aflige?
Pero el destino que todo exige,
   nubló la dicha de nuestro cielo.

"Ya no pensamos en tempestades,
   que han de agobiar acaso mañana
con sus maléficas realidades,
las más risueñas felicidades,
   a las que mi alma cantará ufana".

—Te dije entonces—y así ha pasado.
   Y nuestros sueños, todos ventura
en pesadillas se han transformado.
¡Nuestras dos almas tanto han llorado,
   en aras siempre de la amargura!

Pero a pesar de los sinsabores,
   de sufrimientos, penas, y llantos;
Fueron más grandes nuestros amores
porque alumbraban los resplandores
   de tu alma grande, llena de encantos.

»»

Hoy que estás lejos mi alma te añora,
en vano sola y triste te llama.
Llena de angustia en silencio llora.
Porque le faltas querida Aurora,
ya que hasta en sueños tanto te ama.

Haré que mi alma sea más fuerte,
que esperar pueda, a Dios le pido;
porque he llegado tanto a quererte,
que es imposible dejar de verte,
después de tanto que hemos sufrido.

Mas ¿qué me importa que el alma mía
sufra las penas que le han herido?
Si ha de morir la melancolía
que la tortura, al verte el día
cuando regreses al dulce nido.

«‹«›»›»

La Voz de Amor

Para el Futuro

Para El Heraldo del Norte

Pensando en el tiempo futuro,
    hay algo que quiero encargarte;
sé bien que tu amor es muy puro
    por eso no temo al hablarte.

Mañana que ya nos separe
    el viento fatal de la muerte...
(Perdona que así te declare
    que tema, mi Aurora, perderte).

Si acaso la tumba callada
    me llama a su seno primero,
no quiero que olvides, amada
    que fuiste mi aliento postrero.

No olvides el nombre sagrado
    que mi alma llegó un día a darte,
que si es el amor un pecado,
    pagué con mi vida el amarte.

»»

Que tú ames, no quiero impedirte,
 porque es el amor dulce égida,
 y quiero también hoy decirte
 que hay algo que amar en la vida.

Y ese algo es la dulce añoranza,
 que amengua las penas del alma;
 porque es una cruel remembranza
 quien da al corazón dulce calma.

Eso es lo que quiero encargarte,
 ahora que en penas me pierdo:
 De aquel que llegó un día amarte,
 no olvides jamás el recuerdo.

««‹›»»

Compasión

Ya la paz del perdón en mi alma siento...
Ni una nube obscurece el firmamento
   do mi vida tranquila se desliza.
      Ya no siento la tétrica cadena
      del maldito fantasma de mi pena.
En la urna de ayer solo hay ceniza.

A ella, mi gran pasión, la dulce amada
que puso flores en la desolada
   y áspera ruta de mi triste vida;
      ingrato la olvidé traidoramente,
      ¡después de disfrutar intensamente
de una felicidad impresentida!

Ella me hizo olvidar los desengaños,
y a cambio recibió terribles daños
   con la negra traición de mi alma ingrata;
      ella me dio su amor, confiada y pura...
      yo tan solo le dí la desventura
del olvido que lentamente mata.

Llena de penas ausentase su alma,
y fue tras ella a perturbar su calma
   el eco de mi súplica doliente,
      implorando un perdón por mis maldades,
      una tregua a mis negras tempestades,
un retorno para mi dicha ausente.

»»

De la ignota mansión donde ella mora,
a mi doliente noche envío la aurora
de su perdón y como gran consuelo,
a mi alma le quitó el enorme peso
de una culpa fatal y un casto beso,
para borrar mi pena envío del cielo.

Beso de compasión por mis congojas...
Beso que removió todas las hojas
del gran libro de mis melancolías,
¡qué repasó las horas de amargura,
y a mi alma devolvió radiante y pura,
la paz encantadora de otros días!

Mi dolor demostrarle fué mi empeño,
y hasta mi vino en la visión de un sueño,
llena de gran bondad y sin encono;
me miró con amor y castamente
un ósculo estampó sobre mi frente
y me dijo al partir... – ¡Yo te perdono!

«‹«›»›»

La Voz de Amor

Penas y Lágrimas

Nadie puede llorar, yo os lo aseguro,
   sin antes ser feliz, inmensamente;
porque son amarguras del futuro,
   las dichas que gozáis en el presente.

¿Por qué hoy mi corazón alberga llanto,
   y a mi noche fatal no hay luz que alumbre?
Y ¿por qué–me pregunto–sufro tanto
   y vivo en una cruel incertidumbre?

Es que ayer disfruté de la alegría,
   es que ayer fui feliz, inmensamente;
por eso una fatal melancolía
   va minando mi vida lentamente.

Más, tiene el corazón que emana hieles
   un alivio en el llanto derramado,
del dolor cauteriza heridas crueles,
   cuando evoca las dichas del pasado.

Cuando el llanto se apodera de mi alma,
   es que antes albergué felicidades:
Como viene después de inmensa calma,
   la furia de las negras tempestades.

»»

Si una lágrima viereis temblorosa
　　surgir del fondo triste de mis ojos:
　　en el suave perfume de una rosa
　　que halló mi alma en su páramo de abrojos.

Porque hay en cada lágrima vertida,
　　la esencia de una pena que se esfuma;
　　es entonces cuando halla nuestra vida
　　esa flor ideal que nos perfuma.

Por eso el corazón, mientras más llora,
　　percibe allá en su seno más consuelo;
　　igual que brilla más la blanca aurora
　　cuando ha vertido lágrimas el cielo.

Mas, de mi, tan ausente está la calma,
　　que soy preso de cruel melancolía...
　　aunque vierta muchas lágrimas mi alma
　　le quedan muchas penas todavía.

«‹«»›»

La Voz de Amor

Resurge

En el silencio de noche triste
lloro pensando que ya no existe
   en tu alma nada de lo pasado.
      Y en mis tristezas hondo suspiro
      te lleve el aura de mi retiro
      donde me encuentro de ti olvidado.

Tú que en mi pecho sembraste un día
las ilusiones y la alegría
   como reflejos de blanca aurora;
      ¿por qué ahora dejas que el viento helado
      de tus caprichos haya borrado
      dulces recuerdos del que te adora?

Tú que emulabas en tus sonrisas
y en tus suspiros todas las brisas
   primaverales de mi fontana
      ¿por qué ahora, dime, a mis florestales
      mandas en hórridos vendavales
      el cruel olvido que tu alma emana?

Tú que en mi huerto triste, enfermizo
hiciste un bíblico paraíso
   con el rocío de tus amores
      ¿por qué hoy tus odios desenfrenados
      como los vientos huracanados
      del huerto arrancan todas las flores?

»»

Tú que llegando hasta mis eriales
curaste presto todos los males
   que en mi alma triste tenían su nido
     dime ¿tú piensas que mi amor muerto
     como un cadáver en el desierto
   lo deje tu alma en eterno olvido?

Estoy dispuesto hacer lo que quieras
haré reales nuestras quimeras
   haré hasta un mundo si tú lo pides
     pero tú en cambio dame la calma
     el santo amor que te ha dado mi alma
   por Dios te ruego que no lo olvides.

Yo haré de inviernos las primaveras
de arenas áridas las praderas
   haré que noches de luz se vistan
     si nos amamos con dulce calma
     porque el amor nos pone en el alma
   todas las glorias aunque no existan.

«‹◊›»

Idilio

Mi vida estaba inmensamente triste
cuando en ella radiante apareciste.
¡Todo en ti era belleza!
Tu voz era cual grata melodía,
y en tu bellísima mirada había
una inmensa tristeza.

Mi débil corazón tembló de angustia,
y allá en su seno la esperanza mustia
alzó su raudo vuelo.
Y hecha un romance se llegó hasta el tuyo,
y escuchamos los dos un dulce arrullo
que venía del cielo.

Vinieron desde entonces los amores
dos almas a llenar y hay muchas flores
al borde del camino.
Aún es diáfano y puro nuestro cielo,
porqué alimenta nuestro grande anhelo
un idilio divino.

《《》》

Las dos Sendas

Me dice el corazón, con una voz muy suave,
con una voz que tiene la melodía del ave;
-Amarás a esa mujer, porque ella te conviene,
porque ella solamente es la mujer que tiene
rebosantes mis grandes abismos, con su amor.

Me dice mi cerebro, con una voz terrible:
-No la ames, que con ella, tu vida es imposible;
tu dignidad soberbia, tu dignidad de hombre,
se enfangará por siempre, se ofuscará tu nombre,
y a toda tu existencia devorará el dolor.

Replica el corazón:- ¡La dignidad es nada!
¿Qué importa? Si es tu vida por el amor formada.
La voz de mi cerebro dice decidida:
¿Qué importaría al mundo, sin dignidad, tu vida?
No encuentro en el dilema lo que he de contestar.

Esta es la lucha interna, que siempre me anonada,
y no encuentro qué senda tomar en la jornada...

«《》»

La Voz de Amor

Beso Glacial

Ella tranquila junto a mi dormía,
    ningún suspiro su quietud turbaba;
y en el silencio augusto parecía
    de mi alma la durmiente idolatrada.

Intensa palidez su faz cubría,
    su corazón muy quedo palpitaba,
y en aquella letal monotonía
    con beatífico amor la contemplaba.

Quise besarla con amor profundo,
y entonces…solo me sentí en el mundo
    porque al besarla…¡oh mi adversa suerte!…

Sentí mi beso pasional burlado…
Aquellos labios los había besado
    el aliento funesto de la muerte.

«‹‹›»»

Corresponde

Si la mujer te da gota por gota
   a beber la hiel de su desprecio:
Con tu frialdad su indiferencia azota;
   que si le ruegas, te tendrá por necio.

Si llega un día a perturbar tu calma,
   y su traición a descubrir aciertas...
Un cementerio haz dentro de tu alma,
   con ilusiones y esperanzas muertas.

Jamás tu corazón se muestre blando,
   ni con el ruego conquistar intente;
que más vale que mueras despreciando,
   y no que humillación tu vida aliente.

La mujer que te dice: 'ven más luego'
   es que quiere engañarte como a un niño.
Lo que anhela, convéncete, es un ruego
   y ¡burlarse después de tu cariño!

Pero en cambio...si la mujer te quiso,
   y te dio su alma casta y cariñosa...
Convierte el corazón en paraíso,
   y que ella viva en él como una diosa.

«««»»»

Hiel del Alma

Amada de mis sueños de poeta:
  Yo quiero que conozcas la amargura
que hay en mi alma. Cuarteta por cuarteta
  llevan cáliz de miel que me tortura.

Un tiempo...Perdona que en mi mente
  acudan en tropel mis remembranzas,
que fluyan cual murmullo de una fuente,
  mis pasados ensueños y esperanzas,

Recuerdo cuando allá en mi adolescencia,
  todo en mi redor fue una belleza.
Me encantaba la gran magnificencia,
  que mostraba en abril naturaleza.

»»

Oía murmurar el arroyuelo;
   me arrullaban los pájaros cantores;
contemplaba las nubes en el cielo
   y aspiraba el perfume de las flores.

Remembranzas que llenan mi existencia
   de vagos y ¡tristes pensamientos!
Y es a mi alma, la cruel reminiscencia,
   quien arranca a llegar, tristes acentos.

Ahora todo me es indiferente;
   en mi alma la alegría ya no existe,
no me alegran las flores ni la fuente...
   Estás lejos...por eso todo es triste.

«‹‹›››»

La Voz de Amor

Indiferencia

Yo te vi como un ángel, te vi como un sueño,
    como ángel de gloria, como sueño de amores,
y después te amé, como al dios de mi ensueño,
    como se ama el recuerdo de tiempos mejores,
¡como aman las flores!... al sol abrileño.

Tú me amaste también, pero cruel evadiendo
    las frases de amor que del alma han brotado.
¿Acaso no ves que me va consumiendo
    tu fatal proceder, tu temor mal fundado?
¿No ves que te he amado y así estoy sufriendo?

Acaso tú temes a la llama tremenda,
    del amor formidable, que me has inspirado,
y por eso insensata, te vas de mi senda,
    dejándome así, el corazón destrozado,
tu horrible pecado no tiene ya enmienda.

Tu amor tú me muestras muy indiferente,
    no ignoro que me amas, lo sé con certeza,
pero aun sin embargo veo yo claramente,
    que finges desprecios, me causas tristeza,
y así mi princesa me matas cruelmente.

《《》》

Pureza

No suspires jamás si tu suspiro
 no viene desde el alma que me adora.
Que tu sonrisa como en raudo giro,
 llegue a mi noche cual naciente aurora.

No me veces jamás, si en ese beso
 no han de tener contacto nuestras almas.
Quiero ver como, en místico embeleso,
 la inmensa sed de mis amores calmas.

No me mires jamás si es que en tus ojos
 la hermosa llama del amor no brilla,
que hay en la senda donde voy abrojos...
 ¡y una flor que eres tú, casta y sencilla!

Sólo amo al corazón que más aprisa
 palpite, cuando a él se acerca el mío;
sólo amo a la mujer cuya sonrisa
 es un sol que aniquila en mi alma el frío.

Será en mi corazón como un escudo
 esta sentencia que formulo en calma:
¡Sólo amo a la mujer que infiltrar pudo
 un amor inmortal dentro de mi alma.

««‹›»»

Anhelos

Cuando sin temor esperes
la tristeza, que no quieres
que tu corazón invada,
será tan sólo alegría,
la negra melancolía,
que llena nuestra morada.

Cuando estes indiferente
y estoica, ante la rugiente
catarata de pesares;
serán los dolores crueles,
tan sólo sabrosas mieles,
y nuestro llanto...cantares.

Y verás la pena nuestra,
como una sombra siniestra,
alejarse en lontananza...
y entonces, mi dulce amada,
será como una alborada
nuestra débil esperanza.

»»

Y de la dicha la brisa,
gravará dulce sonrisa
   de amor, en nuestro semblante;
      vendrá nuestra fe perdida
      y el mal que aqueja a la vida
   de nos estará distante.

Lo que es sendero escabroso,
será un edén venturoso
   de satisfechos anhelos,
      y habrá en lugar de cicuta,
      esa paz que se disfruta
   únicamente en los cielos.

«««»»»

La Voz de Amor

Claveles Deshojados

Cuando llegaste a mi vera
cual risueña primavera
   todo haciendo florecer:
      Me brindaste en tu sonrisa
      el perfume de la brisa
      de abrileño amanecer.

En mi vida hubo aroma de flores,
   sensación inefable de calma,
melodías de alados cantores...
y nacieron mis santos amores,
   cual fragantes claveles del alma.

Con cuánto afan, venturoso
en mis brazos, amoroso
   te estreché con ilusión,
      y ¡qué delicia sentía,
      al contemplarte ya mía,
dichosa en mi corazón!

Con pasión que pensé inextinguida,
   escancié de tus besos las mieles,
te creí de mi dicha la ejida,
y como una oblación de mi vida
   te aromaban mis frescos claveles.

»»

Pero...llego el triste día
que con gran melancolía
    tu adiós escuche, mujer...
    Comprendí en tu despedida,
    que después de la partida
    ya no podrías volver.

Y apurando de ausencia las hieles,
    me dejó abandonado la calma,
y hubo inviernos que fríos y crueles
deshojaron mis frescos claveles
    en el fondo aterido de mi alma.

Hoy, es mi triste destino
ir solo por el camino,
    muerta mi última ilusión.
    Por haber tanto soñado,
    la realidad ha llorado
    mi sensible corazón.

...De la vida la hiel es amarga,
    más amarga que todas las hieles,
y es también la jornada muy larga:
porque llevo en el alma la carga
    de mis hoy deshojados claveles.

《《◊》》

Definición

¡Qué extraño es el amor! ¡Es como un sueño!
Se ansía realizarlo...loco empeño...
    vano deseo.
        La amarga realidad al alma enseña,
      que en esta vida de dolor se sueña
solo al estar en brazos de morfeo.

Al despertar, el sueño queda muerto,
y en nuestras almas su recuerdo incierto
    muy pronto muere.
        Si el deseo de amor se satisface,
      el desencanto en nuestras almas nace
y es cuando horrible decepción nos hiere.

¡Nuestro ensueño de amor cuán grande era!
En nuestros corazones la quimera
    puso su nido.
        De ilusión se llenó mi pecho amante...
      ¡Que más se quiere cuando más distante
se encuentra el corazón del ser querido!

Siempre estuviste lejos, sin embargo,
nunca del desamor sentí lo amargo,
 y hasta las penas
  de la ausencia tornábanse en dulzura.
   ¡Navegaban en mares de ventura
    nuestras almas románticas y buenas!

Quisimos acercarnos, ¡gran torpeza!
Llegó entonces el tedio y la tristeza,
 y en el abismo
  se hundió nuestra ilusión eternamente...
   ¡Nuestro amor feneció calladamente,
    de nuestras almas en el fondo mismo!

He recordado nuestro amor extinto...
Hoy que lejos estas: en el recinto
 de los que duermen.
  Se han abierto de nuevo las heridas
   de ese amor que al llegar a nuestras vidas
    la amarga realidad mató en su germen.

La Voz de Amor

El amor es deseo insatisfecho,
agita al corazón dentro del pecho
   latir extraño,
      algo divino que en el alma flota,
      si queremos tocarlo nos azota
la pajuela brutal del desengaño.

Qué triste es contemplar nuestra quimera,
con la cruel realidád que llega artera,
   deshecha y trunca.
      El sueño del amor al alma ciega,
      mas si a mi corazón de nuevo llega,
no he de volver a despertar ya nunca.

«««»»»

Mi Sentir

Cuando el dolor cubriendo con su manto
torturó sin cesar el alma mía:
cuán delicioso vi correr mi llanto,
¡y qué placer mi corazón sentía!

A veces he llegado a preguntarme:
qué dulce fluído o qué divina esencia
en sí, lleva el dolor para embriagarme
y hacerme agradable la existencia.

Y he escuchado una voz que me responde
con una entonación desconocida:
Tras la apariencia la verdad se esconde,
pues, dolor es sinónimo de vida...

Por eso mi alma sin un vano alarde
a la tristeza con placer se entrega
y sé que no es mi corazón cobarde,
quien le teme al dolor cuando éste llega...

Cuando llega a invadirme la tristeza
me siento muy feliz, porque sufriendo,
mi espíritu se llena de entereza
y sé que todavía estoy viviendo...

«‹‹›»»

La Voz de Amor

Confesión Amarga

¡He venido hacia ti, mujer de ensueño,
    a decirte que te amo inmensamente,
    que hay en mi corazón un loco empeño
    de tenerte a mi lado eternamente!

Siento mi alma febril, llena de excesos
    que me impulsa hacia ti en sus devaneos,
a expresarte en el fuego de mis besos,
    la magnitud de todos mis deseos.

He venido hacia ti, con fe de niño
    a decirte, mujer, que me atormenta
que conquistaras todo mi cariño
    sin que tu alma llegara a darse cuenta

—Pero...—¡Calla, por Dios! no me lo digas,
    que se bien lo que vas a responderme:
Que en tu pecho por mí, lo sé, no abrigas
    ningún amor...y no puedes quererme.

»»

Y me dirás que tú no eres culpable,
    que no sabes quien soy, lo se de fijo,
y al saber que es mi mal irremediable,
    que llegues a quererme, no te exijo.

¡El fuego del amor es tan terrible,
    que quema al corazón incomprendido!,
como sé que mi amor es imposible,
    me resigno a sufrir su cometido.

Tus ansiadas caricias nunca espero;
    mi torrente no llega a tu remanso
si te he dicho mi amor es por que quiero
    que haya en mi corazón algún descanso.

Nos separa a los dos nuestro destino
    con su abismo fatídico y sombrío...
¡Sigue, hermosa mujer, por tu camino!...
    y yo te digo ADIOS y tomo el mío.

«« ◊ »»

La Voz de Amor

Cuando el Espíritu Manda

Mucho te amé, mujer, y sin embargo,
    tú con desprecio mi pasión pagaste;
el cáliz de mi amor hiciste amargo
    y cruel en mi tormento te embriagaste.

¡Si tu cobarde corazón de piedra
    dolor sembró en el mío y pena tanta,
de mi amor en las ruinas como hiedra,
    mi espíritu soberbio se agiganta!

Mi espíritu soy yo, y es quien domina
    al angustiado corazón que aún te ama,
y ya al recuerdo de tu amor calcina
    de un odio intenso la quemante llama.

Mentiste artera y tu fatal mentira
    como toda falsedad, fué transitoria,
y aunque mi corazón por ti suspira,
    no puede envanecerte la victoria.

»»

Has esperado de mi amor un ruego;
 tal cosa es necedad y tu eres necia;
 que si mi corazón por ti esta ciego,
 mi espíritu iracundo te desprecia.

Mi enfermo corazón cual flor perfuma,
 y tú lo engañas cuando amor te pide;
 pero toda ilusión en él se esfuma
 cuando manda el espíritu que olvide.

...Si vuelves, olvidando que extinguiste
 con tu traición las esperanzas mías:
 En mi alma encontrarás un campo triste,
 y en lugar del amor cenizas frías.

Y al ver mi dicha por tu engaño trunca,
 a mi amor llamarás puesta de hinojos;
 mas despertarlo no podrán ya nunca
 las lágrimas amargas de tus ojos.

««◊»»

La Voz de Amor

Día Del Amor

Llegó como divina mensajera
de un país de ilusión y de quimera,
la acariciante brisa mañanera
    del mes de abril.

Cada ruido era nota cadenciosa,
un vaso de perfume cada rosa,
y el alma del Creador en cada cosa
    se adivinaba, con amor sutil.

Sus oros esparcía la alborada,
de trinos se llenaba la enramada,
y temblaba una gota emocionada
    en cada flor.

En esa musical policromía
dulcemente nació, cual nace el día
¡la mágica y divina melodía,
    arpegio rítmico de nuestro amor!

Llegó al adornarse primavera,
cuando el verdor cubrió la enredadera,
cuando trajo la turba vocinglera
    canciones mil.

»»

Se posó en nuestras almas, silenciosa
el hada de los sueños, y armoniosa
con voz dulce entonó la misteriosa
    canción vehemente de un amor febril.

Y te sentí en mis brazos, embriagada
de ilusión; mas vi entonces retratada,
la luz que era en tus ojos, dulce amada,
    vago temor:

Un temor que también mi alma sentía,
al notar que el amor se consumía,
con el fuego de un sol de mediodía
    que nos cegaba con su gran fulgor.

Y dorando las copas de las palmas
    cuando cerraba el sol su rojo broche,
el amor se extinguió y en nuestras almas
    de un cruel olvido se formó la noche.

«‹◊›»

Dos Amores

Muy ebrio, de su casa abre la puerta,
del brazo de una mísera ramera;
hace frío, la calle esta desierta
y hay silencio de tumba por doquiera.

Penetra en el hogar, con la viciosa,
con pies y corazón llenos de lodo;
la impura se sienta lujuriosa
en las flácidas piernas del beodo.

Al ir lo a acariciar, hace una pausa,
y en un gesto de asombro se retira;
el trata de inquirir cuál es la causa,
y advierte que es su madre que los mira.

¡Retírate de aquí, no me hagas daño!
dice airado a la autora de sus días,
¡no vengas a turbar con tu regaño
el placer que me dan mis alegrías!.

»»

Y al ver que la anciana sin moverse
seguía con la vista vuelta al cielo,
se levanta furioso, y es de verse,
como de un golpe cruel la tira al suelo.

La mujer, la de cuerpo prostituído,
que a sus pútridas carnes pone precio,
contemplando aquel hombre convertido
en endriago, lo deja con desprecio.

Y aquel monstruo brutal, degenerado,
que pisó de su madre el gran cariño,
con la cara en las manos, desolado,
se pone a llorar cual débil niño.

«« »»

Gemas de Dolor

Estoy muy triste y la tristeza mía
    dentro de mi alma vivirá despierta;
he llegado a creer que la alegría,
    desde hace tiempo para mi está muerta.

No trato de ahuyentar esa tristeza,
    y satisfecho estoy con estar triste;
que en el dolor con que mi ser tropieza
    cierta felicidad oculta existe.

Esa dicha ignorada es de mi pena
    luz irídea, divina y bienhechora,
que alumbra mi sendero y que me llena
    de una paz inefable y redentora.

»»

La paz de la tristeza el alma encumbra;
y si no es de tristeza, sólo vicia;
como la luz del sol que nos alumbra,
si no viene del sol es luz ficticia.

Por eso es que al dolor mi alma convida,
y en su atormentado ósculo siento,
que cual grata ilusión surge la vida
del mismo cenegal del sufrimiento.

Para gozar de la sagrada esencia
que hay de la vida en sus hermosas flores;
en el surco ideal de mi existencia,
voy sembrando tristezas y dolores.

«‹«›»›»

Sublimidad

Cómo llena mi ser de nostalgias
el aura, al modular sus melodías,
¡en la enramada donde el ave anida!
Cuánto extraño en el alma abandonada,
aquel primer amor...la dulce amada
que con su ausencia entristeció mi vida.

Aquel infausto día en que llorosa
me dijo adiós, con mano temblorosa,
vi el reflejo en su faz, de inmensa pena;
sentí en mi corazón intenso frío,
al ver que se esfumaba en el vacío,
su alma inocente, de virtudes llena.

Al fenecer mi amada, en raudo giro
sentí como, aquel último suspiro
llegó a posarse suavemente en mi alma,
y fue tal vez la suya desprendida,
que buscando el alero de mi vida,
trajo consigo la inefable calma.

Extraño mucho a la mujer ausente,
porque siento que viven dulcemente
nuestras dos almas un idilio mudo.
Si quisiera olvidarla no podría...
apagar el amor que nos unía,
ni aun la muerte conseguirlo pudo.

««»»»

¡Despréciame!

Despréciame mujer cuanto tú quieras,
 ¡despréciame! que al cabo yo te adoro,
 si tu lloras, mujer, contigo lloro,
por ti serán mis lagrimas postreras.

¡Despréciame!...que al cabo cuando mueras
 mi grito se alzara claro y sonoro,
 y el viento llevará mis notas de oro,
que serán el perdón que me pidieras.

Tranquila llegarás hasta la gloria
llevando siempre impreso en tu memoria,
 el perdón que te dio mi pecho amante.

Y por eso mujer, si tú desprecias,
las frases de mi amor, las frases necias,
 yo te doy mi perdón...sigue adelante.

«‹‹›››»

Sueños

Fue nuestro inmenso amor tan sólo un sueño,
en el que el manto mágico y sedeño,
de la dicha cubriera nuestras vidas.
En el jardín del alma hermosas flores
crecieron donde sólo hubo dolores
y un piélago de lagrimas vertidas.

Fue nuestro amor tan sólo un sueño vago
que tuvo la diafanidad de un lago
do nuestras almas a beber llegaron...
Vino la realidad hosca y sombría,
y solo nos dejó la nostalgia
de las horas divinas que pasaron.

Pregunta mi alma llena de tristeza:
¿Por qué nuestra cruel naturaleza
nos obliga a vivir esa ficticia,
noche de fantasía, noche pura,
de los sueños exótica ventura,
cabe del amor fugaz caricia?...

»»

...Solo sé que es la vida una quimera...
Que ¡nunca vuelve la ilusión primera!

Ya que no he de volver jamás a verte,
desearía tener la gran fortuna
de que otro sueño a nuestras almas una...
¡El que nunca se acaba...! ¡El de la muerte!

«《》»

Pobrecita

Has llegado a mi morada nuevamente, ¡pobrecita!
He notado que en tus ojos se retrata la infinita
   pesadumbre de tu vida, derrochada inútilmente;
   y me dices quedamente
     que ya estás arrepentida
     de haberme hecho tanto daño con tu ingrata despedida.

Has abierto nuevamente las heridas de mi pena...
Ya rompiste la cadena
   de las horas de abandono:
     ¡Derrumbaste, pobrecita, sin piedad tu mismo trono!
       Me conmueven tus tristezas y no puedo condenarte...
       Resucitan mis dolores...y tampoco puedo amarte.

Te llegaste a mi cabaña que era nido de quimera,
una tibia mañanita de una hermosa primavera,
   y desde ese fausto día
   se llenó todo el ambiente de una rara melodía,
     y de amor dulce calma
     se llenaron los rincones más recónditos de mi alma.

                                        »»

Poemas de Amor Romántico

Pero pronto convertiste el dulce sueño en realidades,
y llegaron desengaños como negras tempestades,
  y en mitad de la tormenta,
    cuando fue en mi corazón la lucha trágica más cruenta...
      sin poderte odiar, grité lleno de angustia y sin encono:
      ¡Mujer cruel...yo te perdono!

Te amé mucho, pero ingrata, transformaste mis ternuras,
y el jardín de mis amores en un mar de desventuras,
    y te fuiste por la senda deslumbrante del pecado,
    olvidando tus promesas y dejando pisoteado
      mi corazón que antes era
    urna llena de perfumes como flor de primavera.

Y después de muchos años, cuando está cicatrizada
mi honda herida...con tristeza te contemplo en mi morada,
  y perdón, triste me pides...
    ya hace mucho, pobrecita, te lo di. Jamas olvides:
      Siempre está mi casa abierta;
        mas si aún buscas amores....anda y llama en otra puerta!

          «‹‹›»»

La Voz de Amor

¡QUÉ Me Importa!

¿Qué me importa que tú digas que de lástima me quieres
   y que hay ratos que hasta odias el amor que te he brindado?,
ten presente que aunque afirmes tales cosas, no me hieres;
   porque el odio que me tienes es cariño condensado.

¿Qué me importa que me impidas que me acerque a tu camino
   y que huyas de mi lado demostrando indiferencia?;
yo sé bien que estás unida a este pobre peregrino
   y aunque intentes alejarte vivirás en mi existencia.

¿Qué me importa tus desprecios que cual crueles tempestades
   arrasar en vano intenten los anhelos de mi vida?,
si yo sé que con el tiempo, ya vendrán felicidades
   porque pronto mi cariño dejara tu alma rendida.

                                                         »»

Poemas de Amor Romántico

¿Qué me importa que tú digas que mis versos son odiosos;
    y que salgan en parvada los desprecios de tus labios?,
si al llegar a mí ya vienen como arpegios melodiosos,
    y es cariño puro y santo lo que forman tus agravios.

¿Qué me importa prometida de mis santos ideales,
    que tus labios para frases insultantes tan solo abras?,
si a mí vienen todas ellas como efluvios celestiales,
    y tu alma es solo mía, ¿qué me importan tus palabras?

¿¡Qué me importa lo que digas!? si tu alma no lo dice,
    son tus labios solamente los que intentan engañarme...
que tus labios me desprecian. Tu alma siempre me bendice
    ¡y yo sé que tú has nacido solamente para amarme!

«« »»

¡Ramera!

Te suplico que no vuelvas a mirarme...
¡ramera infame!...¡corazón de hiena!
No eres digna de mi amor, tan solo amarme
me fingiste diciendo que eras buena.

Pero tu alma corrompida no sentía
ni un átomo de amor...¡mujer impura!
Y mi débil corazón, torpe se hundía
En abismos de vergüenza, y de amargura.

Yo no sé qué poder incomprensible
me puso esa muralla en mi camino,
¡muralla satánica...borrón terrible!...
¡negra mancha infernal de mi destino!

Por el fango se arrastra tu existencia
¡eres áspid, maldita y venenosa!
¡eres ángel sin alma y sin conciencia!
¡escoria mundana!...¡vil y asquerosa!

»»

Cuando quieras salir de ese sendero,
de esa vida de maléficos placeres,
entonces el destino, cruel y austero,
te hundirá más en el cieno que hoy tú quieres.

Cuando ya te arrepientas ¡prostituta!
de la vida agitada que has llevado,
será tarde y vagarás como viruta
a merced de los vientos del pecado.

Llorarás tristemente en tu quebranto
al recordar tu pasado corrompido,
y no podrá ni la pena de tu llanto
devolverte ¡vil mundana! lo perdido.

««‹›»»

La Voz de Amor

¡Vienes Tarde!

Dame un poco de amor que sufro mucho
te dije un día con pasión sincera
por ti con ansia y entereza lucho;
a ti consagro mi esperanza entera.

Y tú oíste impávida mi ruego
con la mirada vaga, indiferente,
diste unos pasos pensativa y luego,
tus labios se movieron fríamente.

Y llena el alma de un dolor sin nombre,
escuché aquella frase que aun me hiere:
—No puedo amarte, porque a otro hombre,
mi corazón, por su dinero quiere.

Eres muy pobre—llegaste a increparme—
y...perdóname...mas no te quiero,
porque con tu amor no puedes darme
todo el placer que me dará el dinero.

Comprenderás que la razón me asiste
—oí a tus labios con marcada calma...
Yo me quedé desesperado y triste,
con un dolor que aniquilaba mi alma.

»»

Hoy que hace mucho que llegué al abismo
   del olvido, el amor de mi amargura,
viene hacia mí, con gran cinismo,
   a pedirme un poquito de ternura.

Y escucho, saboreando la venganza,
   que imploras el amor que quise darte.
¡Recuerda que mataste mi esperanza...
   Aléjate de mí...no puedo amarte...!

Porque amo a otra mujer que supo amarme,
   cuya angélica voz parece un canto;
Mujer que de mi mal supo curarme,
   enjugando solícita mi llanto.

Y también...quiero serte más sincero:
   tú, en el mundo ya no tienes nada...
si has vendido tu amor por vil dinero,
   ¿qué me das por el mío, desdichada?

No aceptaste, mujer, la hermosa ofrenda,
   del amor que aquel día quise darte;
hoy, olvídame, y vete de mi senda,
   porque no he de volver jamás a amarte.

«« « » »»

Visión

Llamé al amor y se llegó a mi vera,
mas no trajo la riente primavera
    de una felicidad por mí soñada...
        Y cuando esta llegó y quise tocarla,
        bañarme en sus fontanas y aspirarla...
    ¡el desamor la sepultó en la nada!

Es por eso la vida indiferente
para mi corazón que ya no siente
    aletear en su seno una esperanza.
        He abrigado la entera certidumbre,
        que la felicidad está en la cumbre,
    donde la muerte solamente alcanza.

Aunque vivió el amor dentro de mi alma,
y horas le trajo de inefable calma,
    en la música dulce de su canto;
        huyó muy pronto y donde había posado,
        quedose un corazón desamparado
    ¡lleno de penas y de amargo llanto!

Todos mis sueños de ventura duermen,
porque en mi vida fecundiza el germen
    propiciatorio de los sinsabores.
        Hay después de la dicha tristes horas,
        cual se ocultan espinas punzadoras
    tras la seda irizada de las flores.

Hoy se levanta en mi jardín desierto
sobre las ruinas del amor ya muerto,
   una nueva ilusión resplandeciente,
     ilusión que a llenado mi existencia
      con el perfume de su grata esencia,
y tras la cual todo es indiferente.

Se bien que aunque he dejado en el camino
el sueño inmenso de un amor divino,
   abandonado como cosa inerte,
     al final de esa senda dolorosa,
      esperándome está la misteriosa
dicha, que comienza con la muerte.

...Y siento que me atrae desde lejos,
el fuego de crepúsculos bermejos
   de un país de ilusión no conocido,
     donde todo al divino amor convida,
      donde hay para los males de la vida,
el verdugo implacable del olvido.

«««»»»

La Voz de Amor

Ya No Me Hables de Amor

Ya no me hables de amor, hacerlo fuera
   tratar de revivir cosas extintas;
murió en mi corazón toda quimera
   y llevamos los dos sendas distintas.

Todo mi corazón destila encono...
   no fue otra cosa lo que en él pusiste,
tu traición repugnante no perdono
   aun cuando viva eternamente triste.

¡Vete ya!...¿No comprendes que me hiere
   el verte junto a mí? ¡Mujer impía!
Toda la compasión en mi alma muere
   al recordar tu grotesca felonía.

Cuando pienso en quien eres, basta dudo
   que en ti confié las esperanzas mías.
¡Oh, cuán fácil tu boca jurar pudo
   un amor que en tu pecho no sentías!

》》

Poemas de Amor Romántico

Recobrar el amor que en ti expirara
   ni tu llanto podrá ni tus angustias;
sería como si alguien intentara
   la vida devolver a flores mustias.

Ya no me hables de amor...¿Por que lo intentas?
   Perdí la fe con tu traición, lo sabes;
las penas que me diste fueron cruentas
   y ya en el fondo de mi ser no cabes.

Compleja eres mujer, cuanta ironía
   en ti se encierra, para comprenderte:
me juraste un amor que acabaría
   sólo al interrumpirlo nuestra muerte.

Mas no la muerte fue sino tu olvido
   quién en mí corazón puso un infierno.
Si grande fue mi amor por ti sentido,
   el odio que me inspiras será eterno.

«‹◊›»

Expiación

De un ensueño de amor se fue a la nada,
cual se extingue del sol la llamarada
con el ultimo aliento de la tarde...
Me ofrendó su virtud y su belleza,
y tuvo su calvario en la tristeza
que le causara mi traición cobarde.

Yo que siempre doquier busque la calma,
llevo tan solo en el rincón de mi alma
junto a su imagen, la esperanza mustia
el cruel gusano del remordimiento
y allá en el fondo de mi pensamiento,
sus largas horas de mortal angustia.

Cuando medito en la callada noche,
en mi imaginación, como un reproche
surge su imagen de dolor transida,
y aun cuando me enferma su recuerdo,
en su contemplación mudo me pierdo
como único consuelo de mi vida.

»»

Parece que su dulce voz doliente
doquiera me persigue y tristemente
  me habla en secreto de su inmensa pena,
    y siento que como un puñal agudo
    me parte el corazón...y no me escudo...
Pues yo también la herí, siendo tan buena.

En mi alma quiero que el dolor esculpa
con grandes letras mi terrible culpa
  y a la felicidad cierre la puerta;
    porque mi corazón es muy pequeño,
    y quiero adormecerlo y que en el sueño,
  capte solo el recuerdo de la muerta.

Y ese recuerdo mi expiación que sea,
y que en el angustiado siempre vea
  a la mártir de amor incomprendido.
    Que la muerte mi inútil vida ciegue,
    antes que al templo del recuerdo llegue
  la fatídica noche del olvido.

«««»»»

La Voz de Amor

Mujer y Poeta

Son poeta y mujer los personajes:
    La estancia está callada y somnolienta,
y restándoles vida a los paisajes,
el cadáver, recoge entre celajes
    la sombra, de la tarde amarillenta.

Al poeta la mujer pregunta, austera,
    ¿Porqué es esa actitud? ¿Porqué esa calma
espantosa que a mi alma desespera?
Te adoro, y tan sólo yo quisiera
    ¡arrancar el secreto que hay en tu alma!

¿Acaso de mi amor en las delicias
    no encuentras el valor y la entereza?
¿O acaso es que mis dúlcidas caricias
y el gozar de mi vida las primicias
    no logran extirparte la tristeza?

Donde quiera que estás y a todas horas,
    siempre estás pensativo...siempre triste,
quisiera que las noches en que añoras
trocaránse en flamígeras auroras
    que te dieran la dicha que perdiste.

»»

Le contesta el poeta sollozando:
 Tú lo has dicho mujer, yo sufro mucho...
Esa dicha que tú estas esperando,
hace mucho la estaba yo buscando
 en las noches fatales en que lucho.

Y aunque mi mente desterrar quisiera
 este cruel pensamiento en que me pierdo,
imposible sería, porque fuera
como arrancarme el alma, si extinguiera
 el bálsamo sublime del recuerdo.

Muchas veces, amada, yo he querido
 al estar junto a ti con embeleso;
Cuando siento mi espíritu abatido,
Mi amargura fatal dar al olvido
 al juntar nuestros labios en un beso.

Pero si es imposible...loco intento
 y en el fondo, mujer, te compadezco,
porque nunca te he dicho lo que siento,
ni porque me ensombrece el pensamiento,
 ni la causa del mal que yo padezco.

》》

La Voz de Amor

Tú bien sabes que ya hace muchos años,
  que la negra horfandad llamó a mi puerta,
desde entonces, sin fin de desengaños
causándome un cúmulo de daños
  han tenido mi herida siempre abierta.

Muchas veces, tal vez amada mía,
  en mi mal tu verías un capricho;
Yo en tu triste semblante comprendía
que una muda pregunta me decía
  lo mismo que tus labios hoy me han dicho.

Perdona si a ocultártelo he llegado
  temiendo (tal vez mal) que te reirías
al ver que de las flores del pasado,
hacía mi corazón atormentado
  el poema de mis melancolías.

¿Porqué lloras? Me has dicho conmovida
  cuánto ves que mis ojos vierten llanto:
Es que piensa mi mente enloquecida
que no volveré a ver más en la vida
  a la madre a quien yo quería tanto.

»»

Me hace daño este triste pensamiento,
 y celebro, mujer, que hayas venido,
a darme con tus besos dulce aliento
y a minorar un poco mi tormento
 con la paz ideal del dulce nido.

Mas, ¿que es lo que te pasa? ¿estas llorando?
 ¡Perdóname! La causa esta explicada.
Así dijo el poeta y suspirando
 entre sus brazos estrechó a su amada.

«‹‹›››»

Aurora Esparza de Cárdenas
esposa del poeta

Rafaela Torres de Cárdenas
madre del poeta

Servando Cárdenas
padre del poeta

Poemas de Amor Familiar

En este segundo apartado los poemas exhiben el sentimiento de mi padre convertido en poesía y demuestra en gran medida la importancia que tuvo la familia en su vida. En otras palabras, el vivir es un acto familiar. Por ejemplo, en el poema titulado "El retrato de mi padre", subraya el carácter de mi abuelo, aun después de 17 años de muerto. Casualmente, también, después de 17 años de la muerte de mi abuela, la inmortalizó—¡no solo con un poema, pero con cinco!

El amor de madre siempre es un amor especial. De esta manera, cuando muere una madre, el dolor es sin igual. Como mencioné anteriormente, papá perdió a su madre a la tierna edad de 10 años y esta experiencia lo marcó el resto de su vida. En el poema "La hora del dolor" dedicado a su esposa describe una imagen de un tiempo frío, tormentoso y oscuro. "Era invierno / (enero) y el frío en la hacienda se sentía en los huesos, / se veía en los campos marchitos / y en la ausencia de las aves". Nos dice:

> En las ramas sin hojas triste el viento gemía,
> y en las almas la nieve de la angustia caía:
>   De perfumes y de aves todo estaba desierto;
>   en la iglesia tocaban las campanas a muerto,
>
> y en mi mente flotaba la esperanza marchita;
> me cubrió el negro manto de tristeza infinita
>   que ahuyentó para siempre de mi ser toda calma...
>   y que aún llevo en mi vida, como sombra de mi alma.

La Voz de Amor

Indudablemente, la muerte de su madre fue un episodio al que jamás pudo sobreponerse. Lo manifiesta, claramente, en el poema "¡Cuanta falta nos hiciste!" En esta ocasión, destaca el sufrimiento causado por el deceso de su madre y la aflicción como una sombra en toda la familia. Escribe "Desde el día de tu eterna despedida fue el dolor nuestro amigo inseparable..."

Si el sentimiento de su madre fue de pena y nostalgia el de su padre es de respeto y elocuencia. "El retrato de mi padre" es un poema épico, de corte universal. Fácilmente, podría corresponder a la actitud de un hijo cualquiera para con su padre. Declara: "siento en el alma orgullo de ser hijo de tal padre." En otro verso observa:

A veces su actitud fue incomprendida;
    optó por la prudencia a lo "valiente"
en su apacible paso por la vida
    prefirió ser remanso y no torrente.

Indudablemente la poesía desempeñó un rol muy importante en la vida de mi padre, pues por media de ella trasmitía sus sentimientos. Es triste, sin embargo, notar que su último poema, dedicado a su padre, apareciera en 1978, en una revista de México, Futurama; y su último versito me lo dedicara a mí, cuando fui elegido alcalde de San Diego.

Mi hijo menor
es el *mayor*.

Otro aspecto también de gran trascendencia es el amor por

Poemas de Amor Familiar

la familia. La familia en esa época era el corazón de los pueblos y comunidades. En este apartado nos damos cuenta del gran amor que el poeta siente por los suyos, pues derrama palabra tras palabra los sentimientos que lo exaltan y lo oprimen, en particular, los de su familia.

La Hora del Dolor

Cariñosamente dedico esta composición a mi estimada esposa, Sra. Aurora E. de Cárdenas

I

En la calma apacible mi vida inocente
sonó la hora sombría del dolor, y en me mente
se grabo la silueta del fatal campanero
la nublaba mañana de un fatídico enero

II

En las ramas sin hojas triste el viento gemía,
como queja arrancada de doliente elegía;
de aves y de flores despejado estaba el huerto,
de una inmensa tristeza todo estaba cubierto;
En mi mente flotaba la esperanza ya mustia
y en el fondo de mi alma gravitaba una angustia...
una angustia tan honda que en mi ser no cabía,
cual instante supremo de un cruel agonía.

III

Al mundo lo cubría un negro velo
de infinitas tristezas y congojas...
y caían las lágrimas del cielo
sobre una alfombra de marchitas hojas.

»»

Poemas de Amor Familiar

Un vacío espantoso había en mi pecho,
   afuera el cierzo con furor soplaba,
   y en un rincón, sobre su blanco lecho
   mi pobrecita madre agonizaba.

Terminaba la cruel senda de abrojos
   que en vida recorrió como una santa,
   ¡nublábanse de lagrimas mis ojos
   al notar en los suyos pena tanta!

Un extraño temblor la contraía
   cuando su faz mi mano acariciaba...
   tal vez su corazón ya presentía
   el destino fatal que me esperaba.

...Al fin se fue para el país ignoto
   donde la paz eternamente impera...
   quedo en mi corazón maltrecho y roto
   ¡todo el encanto de fugaz quimera!

Del eterno silencio al aposento
   a mi madre lleve, con amargura,
   teniendo en mi angustiado pensamiento
   un porvenir carente de ternura.

»»

La Voz de Amor

No hubo en su tumba rosas ni alcanfores,
ni violetas, ni nardos...ni una palma...
yo reemplacé doliente aquellas flores
¡con las amargas lágrimas de mi alma!

IV

En la calma apacible de mi vida inocente
sonó la hora sombría del dolor, y en mi mente
se grabó la silueta del fatal campanero,
la nublada mañana de un fatídico enero.

V

En las ramas sin hojas triste el viento gemía,
y en las almas la nieve de la angustia caía:
De perfumes y de aves todo estaba desierto;
en la iglesia tocaban las campanas a muerto,
Y en mi mente flotaba la esperanza marchita;
me cubrió el negro manto de tristeza infinita
que ahuyentó para siempre de mi ser toda calma...
y que aún llevo en mi vida, como sombra de mi alma..

«« » »

¡Nunca Más!

Para mis buenos amigos Sres. Carlos y Agustin Peña con motivo del fallecimiento de su querida madre Sra. Dorotea Peña, Q.E.P.D.

¡Qué triste estar contemplando
   a los árboles octubre
      con sus brisas deshojar:
Sin hojas se van quedando;
   mientras el suelo se cubre
      sin cesar!

Y ver cómo sin perfume,
   lentamente se marchita,
      el cáliz de cada flor,
y la vida se consume
   como en ánfora infinita
      de dolor.

Y ver como van los años
   arrebatando a la vida
      pedazos de juventud,
y labran los desengaños,
   a la esperanza perdida
      su ataúd.

»»

La Voz de Amor

No escuchar, enamorado,
al arroyo cantarino
dulcemente murmurar;
ver que el hielo ha congelado
el diáfano y cristalino
fontanar.

¡Todo es triste en el invierno!
¡Todo tiene un miserere
en lugar de una canción,
doquiera hay silencio eterno
y hasta parece que muere
la ilusión!

Pero ¡ay!...que en el mundo existe
una recóndita pena
que es hondamente mayor
que todo lo que hay de triste...
que más ¡el alma nos llena
de dolor!...

La fúnubre clarinada
que dentro del alma brota
con insólita crueldad,
cuando en la noche callada;
cual fantasma nos azota
la horfandad.

»»

Poemas de Amor Familiar

¡Cuando la madre se aleja
  por senda desconocida,
    de ignota mansión en pos!
¡Cuando ya sin una queja
  va nuestra madre querida
    rumbo a Dios!

Cuando llega primavera
  hay nuevas hojas y flores
    murmura el agua y también
al bosque y a la pradera
  convierten los ruiseñores
    en eden.

Vuelve la vida sonriente
  cuando retorna el florido
    y radiante mes de abril,
y vuelan alegremente
  los pájaros desde el nido
    trinos mil.

«« »»

Y...Dios le dice a la vida
  cuando la muerte la envuelve:
    ¡Muy pronto retornaras!...
Pero...¡La madre querida!...
  ¡La que se fue!...¿Cuando vuelve?
    ¡NUNCA MÁS!...

«« »»

La Voz de Amor

El Retrato De Mi Padre

Trazar los rasgos me resulta grato
   con mente clara y corazón abierto;
pretendo hacer con ellos el retrato
   que en el alma llevo, de mi padre muerto.

Era mi padre un hombre distinguido,
   casta de hombres en estos tiempos rara;
Tenía de la moral un gran sentido,
   palabra firme y una sola cara.

No era de esos que dicen: "Soy muy hombre",
   llenos de vanidad y de arrogancia;
de vicios y pasiones no os asombre,
   se mantenía siempre a la distancia.

A veces su actitud fue incomprendida;
   optó por la prudencia a lo "valiente"
en su apacible paso por la vida
   prefirió ser remanso y no torrente.

Su temperamento sensitivo y quieto
   fue en sus horas adversas un abrigo;
su bondad inspiró amor y respeto
   y nunca supo tener un enemigo

Su persona irradiaba simpatía,
   ningún mal pensamiento había en la mente,
porque estando a su lado sentía
   paz y tranquilidad en el ambiente

Fue el bien, su religión y su creencia,
   nunca de sus virtudes hizo alarde,
huyó de fatuidad y de violencia
   sin poderse decir que era un cobarde.

Era sencillamente un hombre bueno,
   y sin ser religioso fue creyente,
llevaba del Divino Nazareno
   un sello de humildad resplandeciente

Jamas tuvo un gesto iracundo,
   sus horas de vivir fueron serenas
recorrió su sendero por el mundo
   dando alegrías y borrando penas.

Mi ocaso está lleno de serena calma,
   sin que una sombra mi quietud taladre,
y al pensar en él, siento en el alma
   orgullo de ser hijo de tal padre.

«‹‹›»»

La Voz de Amor

A Mi Madre

Yo no sé si fue su alma que flotaba en la estancia,
como flor invisible de inefable fragancia,
   lo que puso en mi vida sensación de locura;
   y al partir para siempre como un soplo divino,
   se llevó mi esperanza y en tortuoso camino,
transformó el camino de mi vida futura.

Yo no sé si fue el verla para siempre dormida,
con las manos muy juntas, silenciosa y sin vida,
   ya sin risa en sus labios, ya sin fuego en sus ojos,
   lo que en mi alma que fuera suya, flor exquisita,
   inundó en un instante de esta pena infinita
que va guiando mi vida por senderos de abrojos.

He perdido a mi madre, cual se pierde en la vida
lo que siempre se llora, lo que a nunca se olvida;
   el más grande cariño, la ternura más honda.
   Cuándo los horizontes misteriosos escruto,
   he escuchado en mis noches de tristezas y luto,
una voz que me llama con rumores de fronda.

He sentido en mi rostro cuando el céfiro pasa,
como un ósculo tibio cuyo aliento me abraza,
   y presiento que aquella, su alma errante viajera,
   al pasar por mi lado y al besarme la frente,
   como un raro perfume de un jardín del oriente,
me ha dejado amorosa su caricia postrera…

»»

He perdido a mi madre que era todo en mi vida;
mas presiento que su alma cariñosa me cuida
   y que llora conmigo cuando estoy sólo y triste;
      y por eso en mis noches de tristeza y de duelo,
      siento al par que las penas el inmenso consuelo,
que aunque duerme en la tumba, para mi siempre existe.

Yo no sé si fue su alma que fue siempre tan buena,
en las lides del mundo siempre firme y serena,
   en las cosas divinas grandemente piadosa,
      la que al quedar ya libre definitivamente
      convirtiera mis horas felices de presente
de un futuro en la sombra funesto y misteriosa.

Solo se que el recuerdo de aquellas manos frías,
que erguían se a las cumbres de azules lejanías,
   donde está de la vida la fuente inagotable,
      la posada en el fondo de acuesta incertidumbre,
     un inmenso deseo de ascender a esa cumbre
   y vivir para siempre con mi madre adorable.

         «««»»»

¡Cuanta Falta Nos Hiciste!

Aún llevamos cómo un faro en la existencia,
  madrecita, tu recuerdo siempre vivo.
Nuestras almas se llenaron con tu ausencia
  desde el día del adiós definitivo.

Cubrieron sombras negras nuestras vidas
  desde el día funesto en que te fuiste...
Aún no puedo olvidar penas sufridas;
  ¡si vieras cuánta falta nos hiciste!

Cuánta pena hubieras evitado
  a mi hermana en su niñez triste y sombría;
le hizo falta tu cariño y tu cuidado
  cuándo más necesidad de ellos tenía.

Es un hondo sentimiento el que me asalta
  cuándo pienso, angustiado y pesaroso;
¡como madre, tu cariño le hizo falta
  a mi hermano que murió de tuberculoso!

Poemas de Amor Familiar

Le hizo falta tu cuidado diligente
  cuando fue su enfermedad mortal presagio;
que el cariño de la madre solamente
  es inmune al miedo horrible del contagio.

Tu ternura que era un ánfora fecunda
  le hizo falta en su incierto derrotero
al otro hermano también, nave errabunda
  en un mar proceloso y traicionero.

Y mi padre también, conmovedora
  es su vida que feliz antaño fuera;
en su incógnito dolor sufre y añora
  su dulce y amorosa compañera.

Desde el día de tu eterna despedida
  fue el dolor nuestro amigo inseparable;
mucha falta a la nuestra hizo tu vida
  que era un sueño de amor, madre adorable.

«««»»»

La Madre

En tu rostro se graban ¡oh madre santa y buena;
la bondad, la esperanza y el dolor contenido.
Tus dos brazos que forman angelical cadena,
son para tus hijitos un amoroso nido.

¡Oh, tú la excelsa reina que en todo el universo
eres la venerada por todos los mortales!
¡Cuán pobre me parece en tu loor mi verso!
¡Para cantarte es poco las rimas inmortales!

¡Qué feliz el náufrago que mira en lontananza
la luz prometedora de libertad y vida!
La luz que siempre anuncia un puerto de esperanza
do está el hogar tranquilo que a reposar convida.

Y el que el desierto cruza rendido de fatiga
soñando en agua clara, a su tormento ajena,
encuentra algún oasis donde su sed mitiga
después de días enteros de calcinante arena.

»»

Poemas de Amor Familiar

¡Feliz, oh madre santa quien a tus brazos llega
 lloroso, a confesarte su angustia y desencanto,
la paz vuelves a su alma que él a tu amor entrega,
 pues tus maternos besos, saben secar el llanto!

Mendigo y potentado, almas de fango llenas
 y otras inmaculadas, si han sentido amarguras,
ansiosamente buscan para calmar sus penas,
 tus brazos, ¡dulce nido de amor y de venturas!

Mas, ¡ay! del que ha tenido la sin igual desgracia
 de darte, dulce madre, la eterna despedida;
se siente siempre solo y un mundo de falacia
 encuentra en todas partes su atormentada vida.

... ¡Huérfano de cariño, mi alma siempre te nombra!
 ¡Cuan pobres me parecen las rimas de mi verso
para loar tu nombre que es luz entre la sombra,
 el más grande y sublime de todo el universo!

《《》》

La Voz de Amor

Flores Mustias

En el jardín de mi alma antes florido,
    las dalias de mi dicha están ya mustias,
y el jardín de mi amor, falto de cuido;
sobre su tallo débil ha caído
    la nieve fatal de mis angustias.

De tristeza, las blancas margaritas
    ya no ostentan su gran magnificencia;
las gardenias también están marchitas
y el clavel de mis ansias infinitas
    se doblega al sentir tu larga ausencia.

Desde el día fatal en que te fuiste,
    feneció la risueña primavera:
en el jardín de mi alma ya no existe
la alegría, y por eso está muy triste,
    porque falta la bella jardinera.

»»

La que supo con mimos y dulzuras
        cultivar un jardín dentro de mi alma,
    un jardín ilusorio de venturas
    do naciera al igual que flores puras,
        el amor que a mi espíritu dio calma.

    Por eso es que una a una van muriendo
        de mi dicha las albas azucenas,
    la nieve del dolor sigue cayendo
    y de tristeza el jardín se va cubriendo
        con el blanco sudario de mis penas.

    Oh grata ensoñación de mis quimeras
        que el cefiro sublime de tu aliento
    acaricie mis flores tempraneras,
    que en divinas y eternas primaveras
        vivan cual tú, ¡en mi pensamiento!

        «« »»

La Voz de Amor

POEMAS DE AMOR PATRIÓTICO

Mi padre emigró a Estados Unidos a la edad de 17 años y residió como ciudadano mexicano por los siguientes cinco. Es natural que la admiración y su orgullo patrióticos se dirigieran a su país natal. Aunque con el tiempo se convirtiera en ciudadano de este país, papá fue un buen patriota; inclusive, fue soldado en el ejército estadounidense. No obstante, el amor por su terruño y sus héroes lo acompañaron hasta el resto de sus días. Exalta en los poemas de este apartado la grandeza de la historia mexicana y la tierra que lo vio nacer. Fue allá donde concibió su juventud y forjó su manera de pensar.

El tema del poema "El águila y la montaña" hace alusión al águila que aparece en la bandera mexicana, ícono de la cultura azteca. El águila encima de un nopal devorando a una serpiente es la señal de su dios para identificar la tierra prometida. Los aztecas la encontraron en el lago Anáhuac. Ahí, en ese lago, fundaron la ciudad de Tenochtitlan. El águila contemplaba la "simbólica y huraña / a sus pies el océano y la montaña, / bajo un cielo de eternas libertades". Luego, en "Calvario y tabor", admira la valentía de Cristóbal Colón y subraya todos los retos que enfrentó en la odisea del "descubrimiento" de un nuevo mundo.

En los días aciagos y terribles,
   Entre insondable océano y el cielo,
     Cuando a Colón, por impedir su anhelo,
        Rodeábanlo peligros increíbles...

La Voz de Amor

En otra serie de poemas épicos el poeta rememora la fundación de la nación de México, la guerra de independencia en 1810 y el amor por Anáhuac, su "tierra sagrada". En varios de los títulos aparece la palabra "Anáhuac" como una manera de aclamar su orgullo y patriotismo (Vea: La noche del quince). Además, reconoce la importancia de la raza indígena en la formación de la población mexicana y se llena de orgullo de esa estirpe y de esa tierra donde brota y florece un nuevo México.

En el poema titulado "A tu grandeza", el poeta reconoce el sacrificio del padre Miguel Hidalgo (padre de la independencia mexicana) quien sacrificó su vida por la gloria y libertad del pueblo mexicano. Mi padre lo honra y alaba en el verso siguiente:

> Por eso es que hoy mi lira, te canta reverente,
> un himno de alabanza y de amor, a tu memoria;
> Tu pueblo en este día, te alaba tiernamente,
> porque tú, gran sacerdote, serás eternamente
> el semidiós más grande de México, en su historia.

De la misma manera, admiró y elogió a Benito Juárez, el primer indígena mexicano que llegara a ser presidente de México. El poeta exclama:

> El hombre que al imperio echó por tierra,
> salvando el Pabellón Republicano
> el que tanto en la paz como en la guerra
> fué antes que todo 'un mexicano'.

La Revolución Mexicana ocurrió durante su juventud.

Poemas de Amor Patriótico

Consecuentemente, reprende y rechaza todo acto de guerra (vea "El monstruo de la guerra"). En cambio, eleva a los aviadores mexicanos de esa época en el poema "Los infortunados" "...que llegan a la historia / enriquecen sus páginas sagradas /...que a México ¡dan gloria!" Glorifica a los héroes, pero no tengo prueba alguna que su padre o algún familiar haya participado en la revolución. Seguramente, la destrucción causada por la revolución le dejo una gran tristeza. En el último poema de este apartado, "El monstruo de la guerra", mi padre lamenta la catástrofe incurrida en la población mexicana, particularmente, en las familias. El poeta denuncia la guerra en el verso siguiente:

   ¡Maldita sea la GUERRA, porque es obvia
      Su invasión destructora, siempre deja
   Ya a la madre, ya al hijo, ya a la novia
      ¡llorando al ser querido que se aleja!

En este apartado el poeta nos expresa el gran amor que siente por su tierra, en particular, el lugar que lo vio nacer y crecer. Del mismo modo, exalta el territorio mexicano y lo glorifica no solo para él, sino para todos sus lectores. Resalta las grandezas históricas de esa tierra y de esta manera valora su cultura y enorgullece a los pobladores al norte del Río Grande. Exhibe con ello, su admiración por los mexicanos y lo mexicano en un país donde se margina su cultura y se ignoran sus aportaciones a la sociedad.

La Voz de Amor

Anáhuac

Bendito sea este histórico suelo,
    de gloriosos y heroicos titanes;
es muy hermoso su límpido cielo
    y muy hermosos sus grandes volcanes.

La ilusión del Patriota,
    y el gran volcán es su pecho bravío,
la sangre roja que en sus venas brota
    son cual las aguas divinas del río.

Es esta tierra la tierra sagrada
del gran Anáhuac mi tierra adorada
    donde hay hermosa ilusión y heroísmo.

Esta es la tierra del héroe valiente
que en su pecho volcánico siente
    las vivas llamas del gran patriotismo.

«‹()›»

Glorias de Anáhuac
¡A Hidalgo!

Reverencio tu nombre noble anciano
    con los líricos cantos de mi mente,
    hoy duermes en la tumba eternamente
del histórico suelo mexicano.

Viste llena tu patria de calvarios
    ayer cuando eras cura de Dolores,
    y brillaron en tu mente los fulgores
de los santos anhelos libertarios.

Te lanzaste a la lucha ciego y fiero
    a buscar la libertad de tus hermanos
    rugieron a tus plantas los tiranos,
al empuje siniestro de tu acero.

¡Caistes bajo el peso amenazante
    de las intrigas infames de un traidor,
    más fuerte no impidió, Libertador,
que siguiesen tus anhelos adelante!

Hoy independiente está ese suelo,
    respetado por todas las naciones,
    ¡pues fueron tus gloriosas ilusiones
tus grandes ideales, y tu anhelo!

«《》»

La Voz de Amor

El Águila y la Montaña

Bajo de un cielo azul, diáfanamente,
el águila cruzaba libremente,
   de uno al otro confín del suelo indiano.
     Y después en la lóbrega montaña
     el águila simbólica y huraña,
contemplaba extasiada el océano.

En aquella letal monotonía,
era edén de ventura cada día,
   y pasaban así siglos y siglos.
     Pero...un día al transcurso de los años
     vio el águila surgir seres extraños
cual legión de espasmódicos vestiglos.

Vio ejércitos brotar de cada ola,
en fuerte y espantosa tabaola,
   cual abortos de alguna tierra extraña.
     El águila entonces se amedrenta,
     su vuelo con ímpetu levanta
y llega velozmente a la montaña.

Pero, aquellas legiones de exterminio,
al águila arrebatan su dominio
   venciendo su fiera resistencia.
     Desde entonces el águila altanera
     fue solo una avecilla prisionera,
resignada en su mísera impotencia.

》》

En rápida y funesta tropelía
siguieron desde aquel tétrico día
 pasando muchos años a la nada.
  Hubo en la montaña nuevos pinos,
   esparcieron nuevos pájaros sus trinos
   y el águila seguía encadenada.

Con cuánta tristeza contemplaba
su antigua montaña que se alzaba
 erecta y majestuosa, hacia los cielos...
  Y a la luna bañando las praderas,
   con su luz de divinas primaveras,
   hechizada en sus mágicos desvelos.

Con cuanta mortal melancolía
el águila, en oír se complacía
 ¡el murmullo lejano de la fuente!
  Dormida, se soñaba en los espacios,
   pasar sobre cabañas y palacios,
   en su vuelo fugaz y prepotente.

Después, la realidad la despertaba
y otra vez la montaña contemplaba
 coronada de nubes y alabastros
  y una evocación de lo pasado,
   le recuerda que pudo haber llegado
   en un vuelo triunfal hasta los astros.

La Voz de Amor

Así pasaba el tiempo hacia el misterio
y el águila seguía en su cautiverio,
  contemplando el crestón de las montañas.
    A veces en sus noches solitarias,
      encendían sus ansias libertarias
    un odio ancestral en sus entrañas.

¡Tanto le espantaba aquella calma!
¡Tanto fuego llegó a arder en su alma,
  que su odio esparcióse en el ambiente!
    sus alas sacudió ensoberbecida
    y aquella tremenda sacudida
    escuchóse por todo el continente.

Otra vez bajo un cielo de topacio,
al águila se vio por el espacio
  cual regia emperatriz de las alturas.
    Y otra vez ella vio de la montaña,
      con desprecio, el palacio y la cabaña,
    en medio de las áridas llanuras.

Los años en su rápida carrera
ver pudieron al águila altanera
  volar por sus dominios, libremente...,
    Contemplando extasiada el océano,
    la fontana y vergel del suelo indiano,
    bajo de un cielo azul, diáfanamente.

»»

Un día, otros nuevos cazadores
que dieron en llamarse interventores,
intentaron de nuevo su captura.
...A su paso flemático y altivo,
observólos con aire despectivo
tramontando su vuelo hacia la altura.

Comprendieron que de ellos se burlaba
al ver que serena atravesaba,
impertérrita el ancho firmamento
sobre una pertinaz lluvia de balas,
orgullosa de esgrimir sus alas,
más fuertes aun que las del viento.

Desde entonces se ve constantemente
al águila soberbia y prepotente,
a través de sus vastas soledades,
contemplando simbólica y huraña
a sus pies el océano y la montaña,
bajo un cielo de eternas libertades.

«««»»»

La Voz de Amor

Calvario y Tabor

En los días aciagos y terribles,
  entre insondable océano y el cielo,
  cuando a Colón, por impedir su anhelo,
rodeabanlo peligros increíbles...

Cuando guiado por fuerzas intangibles,
  para correr, de un nuevo mundo, el velo:
  Su alma a veces sentía el cruel flagelo
de huestes, que al temor fueron sensibles.

Porque todos perdieron la esperanza,
y ante ellos surgió la desconfianza,
  de Colón, en su sueño temerario.

América hoy recuerda venerante,
que sufrió con valor el navegante
  inolvidables días de calvario.

»»

Poemas de Amor Patriótico

Mas luego...como advierte el caminante
del desierto, el oasis deseado:
Como el naufrago triste y angustiado
ve de pronto la playa suspirante...

Venció de Colón la fe constante,
cuando vio placentero, el mundo ansiado,
que mostraba en su seno inmaculado,
¡grandeza de corazón gigante!

Eterno, quien hizo de la nada
aquel mundo, dejando así premiada
aquella fe, de un alma gigantea.

Y Colón, contemplando su victoria,
sintió su corazón lleno de gloria
y ¡el tabor alcanzo su noble idea!

«««»»»

La Voz de Amor

Los Infortunados

A los aviadores mexicanos, que murieron por la gloria.

Con el manto enlutado nuevamente,
    se cubren de la patria los confines,
van cayendo uno y otro en la pendiente,
y surgen a la lucha de repente
    otros nuevos y heroicos paladines.

Por ver realizado un gran anhelo...
    Por abrir de la gloria los arcanos
con valor en el alma, alzando el vuelo,
de aquí rápidamente van al cielo
    los grandes aviadores mexicanos.

"El Cóndor de Balbuena" fue el primero
    que sin temor llegó a la catacumbra,
y Sidar ha seguido ese sendero,
templando su valor con el acero
    ha llegado también hasta la tumba.

Son dos nombres que llegan a la historia,
    y enriquecen sus páginas sagradas,
son dos nombres que a México ¡dan gloria!
Que todo mexicano en su memoria
    ¡guardará cual eternas alboradas!

»»

Poemas de Amor Patriótico

Dos flores que mató el invierno frío
   dos flores del jardín de los aztecas,
que brindaron perfume a su albedrío
muertas hoy...sin sol y sin rocío,
   en las viejas chinampas chichimecas.

Pablo Sidar; luchando allá en la altura
   para dar a la Patria inmensa gloria
bajó a la tenebrosa sepultura,
llevando llena el alma de bravura
   al igual que otros héroes de la historia.

Cuánta bella ilusión se forjaría,
   tanta gloria su mente ambicionaba,
cuánta dicha y placer no sentiría
cuán grande regocijo y alegría,
   por eso ni la muerte le importaba.

Pero, ¡Oh martirio cruel, fatal destino!
   ¡Tu que llevas las riendas de la vida!
¿Cuál es ese afán tan peregrino
de truncar una gloria en su camino,
   y dejarnos el alma entristecida?

»»

Y siempre la fatídica procela
  asesina de glorias nacionales...
La gloria que la patria siempre anhela,
dos veces la a matado la procela
  destrozando sus santos ideales.

¡Patriotas, de alma prócer y gigante!
  que anhelando la prez del pueblo entero
no miden el peligro amenazante,
y van sin ver atrás, ¡siempre adelante!
  hasta exhalar el aliento prostrimero.

Rivorosa, Sidar y Carranza,
  tres víctimas del aire...y de la suerte
y ni aun así se pierde la esperanza,
quien lucha con valor la gloria alcanza
  al pesar del capricho de la muerte.

Ayer por la santa independencia,
  desafiando el poder de los tiranos
que ultrajaban al pueblo sin conciencia
hoy luchan por la gloria y por la ciencia
  y siempre lucharán los mexicanos.

Poemas de Amor Patriótico

Benditos sean los héroes que murieron,
luchando como bravos campeones.
Por dar algo a la patria también dieron
sus vidas, que sin miedo ellos perdieron,
y hoy los lloran los nobles corazones.

Nos llena de tristeza el pensamiento
de ver nuestra bandera nuevamente
ensangrentada mecerse por el viento
hasta el nítido azul del firmamento
parece obscurecerse reverente.

A nosotros nos hiere la amargura,
y hay llanto en nuestros tristes corazones,
al ver en la horrorosa sepultura
otro héroe que mató la desventura
cuando estaba más lleno de ilusiones.

Cantaremos al héroe infortunado
de la tierra por todos los confines.
Que aunque viva el pabellón ensangrentado
y muera soldado tras soldado,
surgirán otros nuevos paladines.

«‹«◊»›»

La Voz de Amor

El Monstruo de la Guerra

I

Ya no sueña la dulce muchachita
    en su príncipe azul; ya a su esperanza
de su pena en la bóveda infinita
    la persigue enigmática asechanza

Ha muerto toda su ilusión pasada
    como nunca sus ojos han llorado;
ya como antes no escucha, embelesada
    las tiernas frases de su bien amado.

Desilusión tan solo su alma encierra,
    la promesa de amor quedó ya trunca:
Su amante enamorado fue a la guerra
    y a su lado, tal vez no vuelva nunca.

II

Junto a la alcoba obscura y silenciosa
    donde el hijo durmió por tantos años,
llorando está la madre cariñosa,
    llena su alma de crueles desengaños.

La dulce viejecita siente el frío
    de un temor que le quita toda calma,
siente en todas las cosas un vacío
    y un vacío también dentro de su alma.

»»

Poemas de Amor Patriótico

¡Hijo! - palabra que en su pecho estalla
y en el mundo no hay madre que no entienda:
Su hijito se fue al campo de batalla,
y allá tal vez la muerte lo sorprenda.

III

Los jugetes están diseminados,
ni una mano infantil por ellos pasa,
los niños solo inquieren angustiados
el porqué su papá no está en la casa.

De las criaturas hay en el semblante
una vaga inquietud, una tristeza:
Falta el padre solicito y amante,
sus caricias, su amor, y su tibieza.

En lágrimas las risas se cambiaron
porque les falta el dios de sus cariños:
A su amante papá ya lo mandaron
a matar a los padres de otros niños.

IV

¡Maldita sea la GUERRA, porque es obvia
su invasión destructora, siempre deja
ya a la madre, ya al hijo, ya a la novia
¡llorando al ser querido que se aleja!

《《《》》》

La Noche del Quince

Epica y gloriosa noche de Septiembre,
   llenas de entusiasmo nuestros corazones;
¡ojalá y la gloria tu recuerdo siembre
   y en el alma lleven mil generaciones!

Tú que tantas veces encubriste el lloro
   que impotente alzábase ante las maldades;
noche que escuchaste cual clarín sonoro
   el potente grito de las libertades.

Noche en cuya sombra se escuchó el tañido
   resonante y épico de la campana,
que era el ronco grito de un pueblo oprimido,
   grito de protesta ¡...tempestad cercana!

      »»

Poemas de Amor Patriótico

Noche inolvidable en que Miguel Hidalgo
convirtió en cuarteles de su templo el atrio.
Noche cual ninguna si es que vales algo
¡eres la más grande de mi suelo patrio!

Noche en cuyas sombras alumbró la aurora
llena de fulgores de la independencia,
que llenó las almas con su luz creadora,
¡claridad divina de la Omnipotencia!

Noche de Septiembre ¡Noche mexicana!
Noche la más grande, si es que vales algo,
el tañido oíste de la gran campana
y el potente ¡grito de Miguel Hidalgo!

«‹◊›»

La Voz de Amor

A Tu Grandeza

Brotó de tu cerebro, la chispa luminosa
 de inmensas libertades, con visos de celaje;
y allí en aquella noche fatal y tormentosa,
trocóse aquella chispa en llamarada hermosa,
 y ardió en los corazones henchidos de coraje.

Aquella llama inmensa volcánica y terrible
 iluminó el ambiente, brilló en cada conciencia:
Rodó entonces el reino que se creía invencible,
y entonces como un algo que se creía imposible,
 de aquellas claridades surgió la independencia.

Y tú fuiste el sublime autor de aquel portento;
 en ti brotó la chispa reivindicadora;
La chispa que cruzara veloz tu pensamiento,
y en la argentada llama, aquel pueblo irredento,
 surgir viera gozoso, la libertad creadora.

Tú, que como un alma, que la impiedad tortura;
 tú, que como un lirio, que el vendaval azota,
tú que había en tu pecho del pueblo la amargura;
a la lucha te lanzaste, con la piedad del cura
 y la virilidad sublime del corazón patriota.

》》

Tú, que a los hispanos temblar hiciste un día,
   la gran naturaleza te dio cual premio fausto,
la muerte más gloriosa, a pesar de ser impía,
   y aquel postrer aliento febril de tu agonía
fue un brindis de tu vida, a la Patria, en holocausto.

Caíste; más tu alma viril multiplicóse;
   tu sangre dio más fuego a la causa libertaria...
Después, del gran Anáhuac el triunfo consumóse,
y a ti, gran cura Hidalgo, entonces elevóse
   del alma de tus hijos, cada año una plegaria.

Por eso es que hoy mi lira, te canta reverente,
   un himno de alabanza y de amor, a tu memoria;
tu pueblo en este día, te alaba tiernamente,
porque tú, gran sacerdote, serás eternamente
   el semidiós más grande de México, en su historia.

«‹‹›»»

La Voz de Amor

A Juárez

Ya se aspira el olor de frescas flores,
   el campo reverdece y a lo lejos,
entonan su canción los ruiseñores
   y nos manda la aurora sus reflejos.

Hojas nuevas se ven en la enramada;
   ya retorna a la vida la floresta
y las aves, las flores, la cascada,
   pregonan que natura está de fiesta.

Empiezan de la tumba vocinglera
   a alegrarnos sus dúlcidos cantares
¿acaso es porque nace primavera?
   No es por eso; ¡es porque ha nacido JUAREZ!

Porque ha nacido el hombre que más tarde,
   de sublime igualdad bajo la norma,
sin hacer de sus dotes vano alarde
   nos legara las leyes de Reforma.

»»

Poemas de Amor Patriótico

Las leyes magistrales que brotaron
   de su cerebro, en un ambiente adverso;
las leyes cuyos ecos resonaron
   triunfalmente por todo el Universo.

Porque ha nacido el hombre que con celo,
   del desierto en las áridas llanuras
defendiera el Pendón de nuestro suelo,
   en época de cruentas desventuras.

El hombre que al imperio echó por tierra,
   salvando el Pabellón Republicano
el que tanto en la paz como en la guerra
   fue antes que todo 'un mexicano'.

«« () »»

Glorias de Anáhuac
¡A Los Héroes!

Veo en las bellas hojas de la historia
    de los héroes sus nombres inmortales,
cuyos hechos se alzaron a la gloria,
    y brillaron sus grandes ideales.

Advierto el regocijo y la alegría
    en las almas de todos mis hermanos,
al llegar el recuerdo de aquel día
    que clamaron libertad los mexicanos.

Siempre veo a través de la distancia
    de los años que forman ese abismo,
un azul firmamento de arrogancia
    poblado por planetas de heroísmo.

Al recordar de aquellos campeones
    que en antaño intrépidos pelearon,
que hizaron de victoria los pendones,
    y murieron por la patria que adoraron.

Siento en mis venas tempestad extraña
    de odio, a los vandálicos tiranos,
réprobo aquellos hechos de la España,
    y bendigo a los héroes mexicanos.

«‹›»

Poemas de Amor Cultural

Quizás los poemas más populares entre los lectores son los que pertenecen a la sección de amor cultural. El poema "Los pachucos" es el que ha recibido mayor difusión en los últimos años. Una búsqueda en Google de "Los pachucos" y Servando Cárdenas, por ejemplo, lo comprueba; pues tiene varias referencias a antologías, agencias noticiosas, blogs, etc.

Sin embargo, los poemas que probablemente fueron recibidos con más cariño y aceptación en su momento de publicación fueron aquellos dedicados a las personas que formaban parte de la comunidad. Entre estos se encuentran "Fiesta de San Diego" y "Álbum de La Libertad". En estos poemas, papá se despacha con la cuchara grande, y aprovecha la ocasión para destacar en su plana social a las señoritas más distinguidas de la sociedad. Está comprobado que las muchachas, los amigos y las familias presentes eran admiradores del poeta.

Otros poemas, a primera vista, parecen estar fuera de lugar, pues no encajan dentro de su repertorio temático habitual. Entre ellos están los titulados "A Washington" y "Tragedia de Texas City". No obstante, al analizarlos más de cerca, uno se da cuenta de la relación directa con el poeta. La vecina ciudad de Laredo festeja, anualmente, el cumpleaños de George Washington y, de seguro, papá deseaba unirse a esa celebración. El homenaje a la tragedia de Texas City ocurrida en 1947, informa en el poema mismo el motivo; la mitad

La Voz de Amor

de las víctimas eran mexicanos. Es obvio que la noticia que tratara algún aspecto histórico o cultural relacionado a sus antecedentes o los de su comunidad encontraban espacio en su poemas. Su motivación era informar los hechos desde un punto de vista muy personal y enfocarse en el aspecto cultural que frecuentemente se callaba en los periódicos en inglés.

En uno de los poemas más singulares de mi padre, ¿Quién será?, el poeta hace alarde de un juego de palabras e imágenes para burlarse de un "tipo estrafalario", que "parece ser algo temerario", "...editor de un enclenque semanario," que tiene "...pretensiones de grandeza" y "de inculcar a este pueblo su cultura." Este poema fue escrito con seudónimo, precisamente, para no ser identificado de inmediato. Estoy convencido que este tipo es mi padre. Aquí nos muestra un sentido del humor hilarante y la meta como buen periodista era no tomarse muy en serio para poder relacionarse con sus lectores a un nivel más personal.

Tres poemas en este capítulo "Los pachucos", "Tragedia de Texas City" y "¿Quién será?" se distinguen también porque fueron escritos bajo su nom de plume–Don Revas Sandecar, que es un anagrama de su nombre. Don Revas (Servando) Sandecar (Cárdenas).

En este apartado, mi padre subraya los aspectos que mayor le llaman la atención en su contexto social. Inclusive, dedica poemas específicos a fulanito, menganito y zutanito con el fin de agraciarse con sus lectores. Informar era su rol principal, pero mantener una relación con sus lectores era vital.

Poemas de Amor Cultural

A Washington

Salud a la memoria del hombre entre los grandes
  el más esclarecido varón de Norteamérica,
cuya voz libertaria se oyera hasta los Andes,
  retando virilmente de Albión la faz Colérica.

Feliz la tierra sea, que vio nacer al hombre
  de voluntad de hierro, de espíritu dinámico;
que más tarde le diera independencia y nombre,
  curando sus heridas con bienestar balsámico.

Es Washington el hombre más grande de la historia
  es para los suyo, su nombre, cual simbólico
timbre de su orgullo, par él vive con gloria
  su país, tranquilo, bajo un cielo vitriólico.

Salud a la memoria de quien cual sus soldados
  arrostró los peligros en los combates hórridos;
par lo cual fueron ellos sus más fieles aliados,
  y nunca el enemigo logró verlos impróvidos.

Fue Washington el hombre que en realidad hermosa
  hiciera un pueblo libre de su ilusión quimérica;
de la súbdita de Albión, formó la poderosa,
  la grande y respetada Nación de Norteamérica.

«««»»»

La Voz de Amor

Los Pachucos

Melena que va huyendo al peluquero,
 un sombrero grandote en la cabeza,
una pluma muy larga en el sombrero
 y saco hasta la corva, de una pieza.

Van en torno después los pantalones:
 Tienen en la cintura pliegues miles,
de cadera a chamorro dos balones
 y en la parte de abajo dos fusiles.

Dos pulgadas de suela en los zapatos;
 en sus modos y en todo son iguales,
en su trato común se hablan de "batos"
 y cuando hay más confianza de "carnales".

Para amar ellos buscan su "pachuca",
 y aunque se llame Paz, Juana, o Josefa
ellos les llaman vulgarmente "ruca",
 el padre "jefe", y la madre "jefa".

Decir "voy a dormir, luego te veo"
 ninguna ciencia en su lenguaje entraña;
ellos dicen: "Por hay te barvoleo,
 voy a tirar una poca de pestaña".

》》》

Poemas de Amor Cultural

Si de una dulce música al abrigo,
　en la noche a bailar fueron un rato,
otro día le dicen al amigo:
　¡"Que si tiré chancla anoche bato"!

Y si van a pedir una peseta,
　a cualquiera se la piden con soltura
diciéndole en mitad de la banqueta:
　¡"Órale cáigase con una sura"!

Un diálogo escuché cierta mañana
　mientras café en un restaurant tomaba,
de un pachuquito que perdió una hermana,
　y un amigo que el pésame le daba:

¡"Hey carnal! ¿cierto que torció su sista"?
"Simón, buey" -le contesta el infelice.
El otro, con la cara que contrista:
　"Te acompaño tu centimetros" -le dice.

Si hay alguno que no les da buen trato,
　y se muestra orgulloso y estirado
fastidiosos le dicen: "Chale, bato,
　diatiro esta muy cerrado."

》》

La Voz de Amor

Después de andar dos de ellos a la greña,
    oí de uno la excusa interesante:
"Cuando él sacó su 'escupe' rajé leña,
    pues yo olvidé mi 'fila' en el 'chante'".

Por otro pachuquito después supe
    lo que tan sólo en su lenguaje encaja,
que en su modo de hablar llaman "escupe"
    a la pistola y "fila" a la navaja.

"Estaba en el mono con la rucaila
    muy Agustin Lara y muy cerrado,
cuando llega el gabacho y me la baila
    y me dejó solano y apañado".

Quiere decir que estaba muy a gusto
    con la dama en el cine, cuando un gringo
llega y se la quita y le da un susto;
    esto puede pasar cualquier domingo.

Lo del día, lector, no tiene caso,
    lo metí para hacer el consonante,
que yo en poesía por salir del paso
    meto ripio tras ripio y adelante.

Es necesario ya, lector ameno,
    a este retrato dar toques finales,
que en razón de conciencia ya está bueno
    dejar en santa paz a los "carnales".

《《◇》》

Poemas de Amor Cultural

Salutación a 1931

El vértigo infinito de la nada
　engulle entre sus arcas misteriosas
otro año...y al igual que turba alada,
que huye de los bosques espantada;
　se aleja; cual las nubes tempestuosas
　un sin fin de zozobras tormentosas
hacía el mundo invisible de la nada.

Un año de alegrías y amarguras
　se pierde en el abismo tenebroso...
pero en cambio un sol nuevo de venturas,
una mística alborada de dulzuras
　nos anuncia que...dulce y armonioso,
　otro año está naciendo más hermoso
con mil nuevas ilusiones y amarguras.

Igual que un viejecito soñoliento,
　se debate el año viejo en su agonía;
pero irradia en aquel mismo momento
en el límpido azul del firmamento,
　el grato resplandor que nos envía
　como algo presagiante de alegría...
un infante año nuevo de contento.

《《》》

Fiesta de San Diego

Brillar las estrellas veía,
   en un bello pedazo de cielo;
cuando vi que fugaz descendía
la hermosa Pajita García
   como un ángel de amor y consuelo.

Después vi una flor perfumando,
   en un bosque de agudos zarzales;
¿que quien era? - llegue preguntando
y me dijo un zenzontle cantando:
   'La simpática Alicia González'.

Después quise ver reverente,
   otra vez los azules espacios;
a mi vista ofuscó de repente
un reflejo estelar, prepotente
   que mandaba Carola Palacios.

   »»

Poemas de Amor Cultural

Después en un prado de flores:
　una hermosa paloma esparcía
　su cantar de divinos amores
　cual no pueden cantar trovadores
　era ella: Enriqueta García.

Quise entonces más flores divinas
　y busquélas allí, en la pradera
junto a cardos punzantes y espinas
estaba entre mil clavellinas
　la simpática Maggie Rivera.

Por último vi la más bella:
　Una grande y hermosa begonia;
¡nunca vi ya, otra flor como aquella!
A decir voy, el nombre de ella:
　Toña Cuéllar, ¡la dúlcida Antonia!

《《》》

La Voz de Amor

Álbum de "La Libertad"

Al llegar a un país desconocido,
 llevando el corazón de penas lleno;
quedéme de pronto sorprendido
al ver el divino y encendido
 rostro virginal de Eva Moreno.

En el mismo país, país de ondinas,
 que ofreciera a mi alma sensaciones;
vi entre mil mujeres nayadinas,
como una emperatriz, Licha Salinas,
 en plena primavera de ilusiones.

En ese hermoso país, donde buscaba
 un lenitivo a mis hondas amarguras,
vi también a Lidia Saens, arrebujada
en las luces de una mística alborada,
 como tierna mensajera de venturas.

》》

Poemas de Amor Cultural

Con los rayos de un algo que fulgía,
   de pronto ofuscáronse mis ojos;
vi que aparecía Hortensia García,
   y una hermosa diadema circuía
     sus sienes, que incitaban mil antojos.

En ese mismo vergel, de tantas flores,
   encontré una mujer angelical:
Entre una turba de alegres ruiseñores
   cantaba la canción de los amores
     la simpática Chole Villarreal.

María Irene Puig, calladamente,
   vino como un lindo sueño de hadas.
Detúvose a mi lado, suavemente,
   y al mirarme en los ojos fijamente
     me hirieron sus cleopátricas miradas.

«« » »»

La Voz de Amor

Elegía

La Madre Muerta

Con mi sincero respeto a la Sra. Celestina A. de Gutierrez, al Sr. Severo Almaraz y a la Srita. María Almaraz con motivo del fallecimiento de su querida madre Sra. Tomasita G. de Almaraz.

Es hora en q' a la vida despierta el mundo,
    del día llegan ya las primeras luces...
penetro cabizbajo y meditabundo
    en el país de las tumbas y de las cruces.

Se oyen extraños ecos entre las frondas
    de los negros cipreses del cementerio;
por lo triste parecen plegarias hondas
    hundiéndose en un piélago de misterio.

Es el gemido lúgubre de los muertos
    queja triste y doliente que en la penumbra
flota, sobre olvidados despojos yertos
    que un lucero en las noches tal vez alumbra.

Se oyen rumores vagos en los jardines
    tristes y solitarios del camposanto...
Puso el cielo en los lirios y en los jazmines,
    sus perlas que parecen gotas de llanto.

»»

Poemas de Amor Cultural

Lloro, y honda tristeza a mi ser conmueve,
   al borde de una tumba recién abierta,
por que se que en su hermético seno en breve
   viene a dormir por siempre la madre muerta.

¡Cayeron de la noche las negras brumas
   y hay en mi pecho un cúmulo de congojas...
Descienden de los nidos viejos las plumas...
   De los árboles secos se caen las hojas!

Ha llegado la noche y la blanca luna
   aún no envía a la tierra sus rayos pulcros.
Ha de ser de los muertos triste la cuna,
   negra y abandonada de los sepulcros.

Se oyen ecos extraños entre las ramas
   del ciprés que se yergue junto a su tumba;
¡Ecos en que parece que tú me llamas
   madrecita querida, desde ultratumba!

Se oye doquier un triste lamento incierto,
   a las cosas envuelve un hondo misterio,
todo ruido parece gemir de muerto;
   ¡oh cuán triste es la noche del cementerio!

Estuve en ese recinto horas muy largas...
   allí sobre la tumba recién cubierta,
hay lagrimas del cielo y otras amargas
   q'ha arrancado a mis ojos la madre muerta!

«‹‹◊››»

¿Quién Será?
(Soneto Triste)

¿Quién será ese tipo estrafalario?
  Ridículo, achacoso, viejo, y feo:
Que usando va un chaleco refractario
    que tiene dos tres lustros según creo.

Y parece ser algo temerario,
    un título exhibiendo cual trofeo:
Editor de un enclenque semanario,
    parecido a su dueño según veo.

Tiene pretensiones de grandeza
y una idea en su efímera cabeza
    de inculcar a este pueblo su cultura.

Y empieza por primera providencia
a embriagarse y dar muestras de demencia
    el tipo de la triste y vil figura.

«« »»

Poemas de Amor Cultural

Las Tres Épocas

Especial para "La Libertad"

El tiempo que pasó no llores nunca,
    jamas pienses en él, pues ya se ha ido,
porque el presente, lo pasado trunca...;
    lo que no ha de volver, merece olvido.

Si el presente a tu vida es doloroso
    esfuérzate en hallarle una sonrisa;
que no hiere un sendero pedregoso
    si procuras pasarlo más aprisa.

La sombra del futuro está en tu mente
    y no obstruirá luego su carrera;
es más dulce el dolor que se presiente,
    que la alegría, cuando no se espera.

«《》»

La Voz de Amor

Confesión

Para Paco Romano, afectuosamente.

Ha mucho tiempo intensamente arde
    la llama de un amor dentro de mí...
En cosas del amor soy un cobarde
es por eso, mujer, que llega tarde
    mi corazón su fe a poner en ti.

Ha mucho tiempo que por ti he sentido
    aletear en mi pecho una pasión;
en mi alma desde entonces has vivido
y sin saberlo tú, por ti he sufrido,
    por miedo de mostrarte el corazón.

Este mi corazón que sufre tanto
    te ama en secreto con ardiente afán;
tu calmarás sus penas y su llanto,
y hasta ti llegarán en dulce canto
    hondos suspiros que en mi pecho están.

»»

Poemas de Amor Cultural

Inunda con tu luz mi pena negra...
Sin ti no se como poder vivir:
La calma de mi espíritu reintegra,
con tu amor infinito ven y alegra
las horas de mi inutil existir.

Unamos nuestras almas soñadoras,
    y al margen de la sombra y del dolor
serán eterno idilio nuestras horas...
¡Que nos sorprendan todas las auroras
en el reino divino del amor!

«« ‹› »»

La Voz de Amor

¡Espera, Corazón!

Como prueba de sincera amistad dedico esta composición a mi buen amigo y compañero Sr. Agustín Peña de Beeville, Texas.

Me dices corazón: "Tu voz entona
   y da al amor tus dúlcidas canciones"
también quieres que le haga una corona,
   con mis floridos versos de ilusiones.

Que le cante al amor, es lo que quieres
   para ver si así olvidas tu pasado,
Que guarden muchas almas de mujeres
   la ilusión de mi verso enamorado.

Y que llegue hasta ti el amor triunfante
   y de felicidad te llene...pero...
¿Porqué pretendes que al amor le cante,
   estando ausente la mujer que quiero?

Tú sufres corazón, solo por eso
   quieres que dé al amor mis madrigales,
y pretendes que yo mendigue el beso
   para con su calor curar tus males.

Perdona, corazón, mas tu eres ciego
   y estás lleno de loca fantasía.
Me brinda un beso la mujer...y luego,
   en ti habrá mucha más melancolía.

»»

Poemas de Amor Cultural

Si falta de los gratos resplandores
   de la aurora, su dúlcida caricia:
dar nunca podríamos a las flores
   de la vida el calor con luz ficticia.

Donde nace el pesar, la dicha nace...
   es la vida maldad, comedia y farsa
en donde el negro dolor todo lo hace
   y la felicidad solo es comparsa.

No confíes en amor, corazón mío.
   porque trae más engaños que placeres;
Si acaso ves un sol y sientes frío,
   huye de el...porque no es el que tu quieres

Así es que no me pidas que le cante
   al amor, pues no puedo complacerte,
la mujer que yo adoro está distante
   y otro amor, engañoso puede serte.

Si algún amor sublime te estremece
   y tu latir continuo así lo siente:
Guárdate ese amor, pues pertenece
   a la dulce mujer que se halla ausente.

«‹‹›››»

La Voz de Amor

Tragedia de Texas City

Voy a ver si me es posible
    relatar lo sucedido,
el suceso más terrible
    que a todos ha conmovido.

TEXAS CITY, bello puerto
    de industria y negocios mil
es ahora un pueblo muerto
    desde el 16 de Abril.

La TRAGEDIA grande es
    la mayor en cientos de años
fué el Grand Camp, barco francés
    la causa de tanto daños.

La muerte, terror que asombra
    llevaba a lejana tierra
donde aún vaga la sombra
    del fantasma de la guerra.

Mas la muerte en un minuto
    explotó tremendamente
llevando tristeza y luto
    de TEXAS CITY a la gente.

»»

Mañana de Primavera,
   de natura dulce canto
flores nuevas dondequiera
   pero aquí tristeza y llanto.

El llanto el alma taladra,
   se comprime el corazón
ante la vista macabra
   de tanta desolación.

Rostros de sangre cubiertos
   y muertos por centenares
destrozados cuerpos yertos
   se ven en todos lugares.

Ciudad bella y floreciente
   convertida en CAMPOSANTO;
en cada hogar un ausente
   y en el pecho amargo llanto.

Y para colmo de males
   de tantos daños sufridos
en todos los hospitales
   no cupieron los heridos.

La Voz de Amor

La muerte en iguales planos
    se llevó en su cargamento
murieron los mexicanos
    en un cincuenta porciento.

Muchos su vida acabaron
    en terribles agonías
y sus cuerpos se encontraron
    después de dos o tres días.

Para tanto dolor ir narrando
    son mis afanes prolijos;
niños sin padres, llorando...
    madres buscando a sus hijos.

Con los ojos arrasados,
    con el alma adolorida,
y los hallan destrozados
    silenciosos y sin vida.

Se oían quejas y lamentos
    de hombres, niños y mujeres;
en unos cuantos momentos
    murieron cientos de seres.

¡Oh Dios misericordioso!
    ¿por qué de pagar debía
este pueblo laborioso
    las culpas que no tenía?

»»

Poemas de Amor Cultural

Sólo tú oh Dios del cielo
   oh dueño de nuestras vidas
puedes mandarles consuelo
   a esas gentes afligidas.

Solo tu sabes Dios santo
   el sino de tus criaturas
y les mandas triste llanto
   y muy hondas amarguras.

Tal vez por templar sus almas
   en la causa meritoria
para que alcancen las palmas
   de gozar tu eterna gloria,

De TEXAS CITY a la gente
   al ver lo que ha sucedido
a ese pueblo inocente
   he pensado conpumgido.

En el Divino Cordero,
   el de obras de amor tan llenas,
que clavado en un madero
   pagó las culpas ajenas.

Consternados, Silenciosos,
   muchos pueblos conmovidos
han mandado generosos
   su ayuda a los afligidos.

》》

La Voz de Amor

¡Lector, sufren crisis aguda
    faltos de pan y de abrigo
sé generoso en tu ayuda
    porque ellos cuentan contigo!

Miserias crueles y arteras;
    del alma heridas profundas
a tiende tú las primeras...
    déjale a Dios las segundas.

«‹‹›››

Poemas de Amor Espiritual

Todos en la familia están de acuerdo que el poema escrito para mi abuelo refleja los sentimientos que nosotros, sus hijos e hijas, sentimos por papá. En el poema "El retrato de mi padre" escribió:

> Era sencillamente un hombre bueno,
>   y sin ser religioso fue creyente,
>   llevaba del Divino Nazareno
>   un sello de humildad resplandeciente.

Y así fue nuestro padre. Nunca supe que fuera a misa, pero llevó una vida tranquila, justa y generosa, en mi humilde opinión. Esto no significa que nunca haya asistido, simplemente que yo no lo vi. En esos tiempos, la costumbre para muchos hombres era no ir a misa. Es muy posible que papá haya asistido en su juventud, inclusive, durante el tiempo que compuso su poesía. En los años que produjo muchos de los poemas, papá se hizo amigo del reverendo Juan Zabala quien en esos días organizaba la Sociedad Católica Mutualista. Se me dificulta imaginar que el cura se asociara con una persona que no asistiera a misa. Me platicaba mi padre que acompañaba al reverendo Zabala en sus viajes a comunidades pequeñas alrededor de San Diego con el propósito de organizar mutualistas en esos lugares.

Posteriormente, en el ocaso de su vida, pasaba mucho tiempo sentado en el corredor de su casa. En esos días, los misioneros mormones paraban en casa frecuentemente y él aprovechaba la ocasión para conversar con ellos, pues su visita representaba una distracción en la monotonía del día. Más tarde me enteré que los mormones lo añadieron a su programa religioso, pero dudo que papá haya estado de acuerdo. Es más probable que lo haya hecho simplemente como un gesto de amabilidad. Pues, así como el describió a mi abuelo "Jamás tuvo un gesto iracundo, / sus horas de vivir fueron serenas", así, él mismo, llevó una vida tranquila y serena. Agrego esta anécdota solo para indicar que, en algunas ocasiones, sí participó en la religión, pero, en general, su fe en el Divino fue algo inherente a su personalidad.

Los primeros poemas de este apartado se dedican al reconocimiento del Divino en la naturaleza. Dos poemas, "Cantar a natura, Las mañanas" y "Cantar a natura, Las tardes" dan cuenta que la naturaleza es nada más prueba de un gran Dios. Las mañanas frescas y bellas son símbolos del "Divino" y le parecen el "bíblico Edén". Termina con el sentimiento que "...todo parece el nacimiento de la Creación." En las tardes "Todo demuestra...la prepotente mano de DIOS."

El concepto de amor espiritual no es un concepto sencillo, pero sí es un concepto muy individual. Uno ve la grandeza de lo divino en la familia, en la naturaleza y en la fe en Dios. Pero el Salvador nos aclara que Él palpita, también, en las almas pecadoras y traicioneras. Nuestra fe nos mueve a buscar lo divino, dedicarnos a la salvación de la humanidad y fortalecer el amor hacia el prójimo. Algunos

Poemas de Amor Espiritual

de los poemas en este capítulo glorifican la fe y nos indican el propósito de la salvación.

Por ejemplo, el poema "Sed felices hoy..." nos urge que vivamos en la presente porque el futuro terrenal no existe. Debemos llevar buenas vidas, sin esperar una recompensa en la tierra, pues el vivir de acuerdo a la ley de Dios no augura un futuro celestial.

Asimismo, no debemos dedicar nuestro tiempo únicamente al dinero, sino a las buenas obras que nos conducen a ver la cara de Dios. En "Maculae cordis" nos expresa este propósito cuando escribe "...la lepra del alma es la que mancha..." En el poema "Prostíbulo" nos da la esperanza que el divino es un Dios de amor y misericordia, pues "Jesús, al igual que a Magdalena, puede también sus almas redimir."

En fin, en "Todo Pasa" expresa que nuestras vidas van "caminando hacia lo eterno." Su sentir y su destino no son diferentes a las de otras personas de nuestra época. Su preocupación es la misma: la salvación del alma.

Uno de los grandes temas universales es la espiritualidad del hombre y su relación con su creador. Mi padre, como todo ser humano de la época, subrayó la importancia de la religión en la vida y el papel que desempeña en la familia. El rol de mi padre como periodista era informar, no se alejaba mucho del deber de todo periodista, pero con su poesía alentaba a sus lectores a llevar una vida "recta". Era la voz del pueblo. Como poeta, sin embargo, exaltaba lo divino y fomentaba una buena relación con Dios.

Cantar a Natura
Las Mañanas

Mañanas bellas, frescas mañanas;
dulces murmullos en las fontanas,
   y en las cascadas divina orquesta;
   hay mil perfumes en la floresta
   y todo parece bíblico edén.

Brisas muy tenues, bellas auroras,
entre las ramas aves canoras,
   el aire rompen sus aleteos.
   Y entre mil trinos y mil gorjeos,
     como las fuentes, cantan también.

Todo despierta con las mañanas,
se sienten frescas brisas surianas
   que, cual suspiro tenue del cielo,
   cruzan los prados, como un consuelo,
   como invisible y dulce ilusión.

Todo el concierto de resplandores,
que forman fuentes, prados y flores,
   cuando en oriente el alba aparece,
   todo en conjunto, todo parece
     el nacimiento de la Creación.

«« »»

Cantar a Natura
Las Tardes

En esas tardes crepusculares,
se oyen mil ruidos y mil cantares,
   y todo el campo es paz y contento
   cuando el sol, débil y amarillento,
     va ya ocultándose en el confín.

Cuando se extingue en el occidente
la luz viva sea que dulcemente
   diera a natura calor y vida:
   todo es un canto de despedida,
     del día que lento llega a su fin.

Se aspira el viento todo impregnado,
a olor de frescas flores del prado.
   Se oye en el bosque y en la enramada,
   en gran barullo, la turba alada,
     que vuela inquieta del nido en pos.

Todo demuestra que en dulce calma,
puso un pedazo grande de su alma,
   puso delicias, puso placeres,
   en los divinos atardeceres,
     la prepotente mano de DIOS.

«««»»»

La Voz de Amor

Alma Paria

Noble paria de cabeza hirsuta,
que llevas en tu alma la cicuta
de una vida carente hasta de pan:
Tu, que no has estado en los festines
de los muñecos de oro, de ruines
que fatuamente por el mundo van...

Si el rico a su mesa te convida;
¡no vayas! que ya estando servida,
a ti tan solo sobras te darán.
Déjalos que sueñen ser felices;
come si es preciso hasta raíces,
mas nunca las migajas que te dan.

Quieren conocer si necesitas,
para que, inconsciente, les permitas
befar tu fatal humillación...
y luego, por causa de ti mismo,
esputar tu cara con cinismo
para así emponzoñarte el corazón.

Yo, solo deseo, hermano paria,
que desoigas la voz que mercenaria,
hipócrita se llega a donde estás.
Que el flácido cuerpo se doblegue
y hambriento hasta la tumba llegue;
pero...que tu alma ascienda más y más.

«‹‹›››»

Poemas de Amor Espiritual

La Vida

Un término intrínseco de amarguras,
   donde todo es miseria y estulticia;
donde las cosas que se creen puras
   las anima tan solo luz ficticia.

Donde la realidad solo es un mito.
   Donde se busca con febril empeño
el misterio virtual del infinito
   en la vaga concepción de un sueño.

Donde ignoramos el origen mismo
   y el porvenir es solo incertidumbre...,
si nos rodea obscuridad de abismo,
   o el vértigo, nos ciega, de la cumbre.

¡Estulticia, amarguras y miseria!
   Del espíritu, era incomprendida,
cuando de animación a la materia:
   ¡Forma el conjunto que llamamos vida!

«‹‹◊››»

La Voz de Amor

Cantar del Alma

Fue una mañana cubierta de neblina;
como un cantar lejano, yo oí su voz divina.

Y fue cuando entreabriendo
   con mano temblorosa,
     del mundo los encantos
     hallé reunidos tantos,
como un sueño de rosa.

Y vi sendas floridas
   perderse en lontananza,
a donde van las vidas,
   llevando una esperanza.

Y aquel lejano canto,
   ya cerca, en mis oídos
como un murmullo santo,
me trajo en risa y llanto
   secretos escondidos.

Y el eco, dulcemente, muy quieto me decía
mi canto, hijo del alma, es himno de alegría.

Mas luego mi existencia
   pasó rápidamente
     de aquel país de ensueño
    y el mundo, antes risueño,
lo vi ya diferente.

»»

Las flores de mi senda
   trocáronse en abrojos
      perdí entonces la calma...
   sentí llanto en los ojos...
      dolor dentro del alma.

Y entonces en mi noche de penas y dolores,
surgió un ángel divino de gratos resplandores.

Y fue cuando en mi vida
   entró por vez primera
      de amor la dulce esencia,
      trayendo a mi existencia
   la hermosa primavera.

Y fue mayor mi anhelo
   de sueño y de ventura,
   y vi más hermosura
en el azul del cielo.

Mis cardos fueron rosas
   porque el amor lo quiso.
      Sus notas armoniosas
      decían muchas cosas
   de ignoto paraíso.

Y el eco, dulcemente muy quedo repetía:
Mi canto, esposo mío, es himno de alegría.

«««»»»

La Voz de Amor

Motivos de Navidad

Sabed vosotros, los que en Nochebuena
tenéis tranquilidad y dicha plena
y en vuestra mesa deliciosa cena
 y lumbre en vuestro hogar:
  Que ya las noches de tristeza y luto
  de mi alma huyeron, y también disfruto,
  como vosotros ese gran tributo
 divino de gozar.

En esta noche de mitad de invierno
nada me falta, gracias al Eterno,
hasta siento que un placer interno
 reaviva mi ilusión,
  porque al volver rendido la fatiga,
  hallo en mi hogar, quien me pesar mitiga;
  una esposa, que tierna me prodiga
 la paz del corazón.

Somos felices porque nos amamos...
y los dos juntos nos embelesamos
con las alegres risas, que escuchamos
 del hijo de los dos.
  Por eso digo que en esta Nochebuena
  nada me falta, ni una pobre cena;
  por eso mi alma de ternura llena
 le da gracias a Dios.

»»

Poemas de Amor Espiritual

También vosotros, los desamparados;
parias hambrientos y desarrapados,
faltos de amor y faltos de cuidados...
    sin pan y sin hogar:
        Sabed en medio de vuestra pobreza
        que no me falta ni la gran tristeza
        de veros solos en la cruel maleza
    de vuestro pesar

Entre vosotros mi padre o hermano
tal vez soporten el dolor humano
si quien piadoso, les tienda la mano
    y del dolor en pos.
        Siento que en mi alma vuestra honda pena
        me hace deciros que si os falta cena
        por vos pediré en esta Nochebuena
    la gracia de Dios.

«《》»

La Voz de Amor

Sed Felices Hoy...

No torturéis en vano vuestra mente
 buscando alivio a vuestro mal futuro;
preocupaos tan sólo del presente,
 porque es el porvenir todo inseguro.

Endulzad siempre el hoy, por que el mañana
 es un enigma, por lo mismo incierto,
que en descifrar, la ciencia ha sido vana
 y el tiempo empleado en ello, tiempo muerto.

Si hasta ignoráis de donde habéis venido,
 ¿como queréis saber lo que os espera?
y aunque el futuro fuese comprendido...
 ¿Podríais evitar lo que viniera?

»»

Poemas de Amor Espiritual

¿Que os importa saber si la alegría
   o el dolor trae ocultos el futuro;
si a pesar de saberlo llegaría,
   el placer o el dolor?...Es lo seguro.

Derribad con el hoy todo el imperio
   que el mañana en vuestra mente tiene.
Solo es la vida un eterno misterio
   en que enigmático el futuro viene.

En vuestras almas el presente impere.
   Desterrad todo pensamiento triste
y conformaos con que el hoy no muere
   y que el futuro, como quiera existe.

《《◊》》

Prostíbulo

He llegado al lugar do reina el vicio,
donde vende caricias la mujer,
donde todo es lujuria y artificio
y precio tiene el mundanal placer.

He traspuesto sus puertas y he sentido
una vaga tristeza, una inquietud;
tal vez porque en la orgía he comprendido,
¡cuán pronto huye de allí la juventud!

He visto una fatal desesperanza
de aquestas meretrices en la faz,
cual ansia del amor que no se alcanza,
porque ha quedado desde ha tiempo atrás.

»»

Poemas de Amor Espiritual

Al ver esas sus caras siempre mustias,
   que no revelan ya ni una ilusión,
paréceme que todas las angustias
   torturan sin piedad mi corazón.

Siento tristeza por su desventura,
   por sus tristezas y por su dolor...
porque soportan con honda amargura
   el cruel recuerdo de algún muerto amor.

Sin embargo a calmar llego mi pena
   cuando pienso, ahuyentando mi sufrir,
que Jesús, al igual que a Magdalena,
   puede también sus almas redimir.

«‹‹››»

La Voz de Amor

Deseo y Hastío

En obscuro rincón de una morada,
    vi el triste agonizar de una doncella;
había en su semblante, reflejada,
    la nítida blancura de una estrella.

Jamás una sonrisa enamorada
    a nadie prodigó su faz tan bella,
en la cual hubo solo retratada
    del humano dolor, la negra huella.

En el lento acabar de su agonía,
comprendí que tal vez en su alma había
    la amargura de un triste devaneo.
    Y en su gesto final trocóse austera,
        como si al tiempo de morir sintiera
    la horrible mordedura del deseo.

Vi también en la cama de un hospicio,
    de una anciana, el aliento postrimero,
la cual fue en otro tiempo flor de vicio
    que vendiera su cuerpo por dinero.

El mago del placer le fue propicio,
    de todo disfrutó en la vida; pero...
al ver de otro mundo el frontispicio
    sintió en su corazón, puñal artero.

»»

Poemas de Amor Espiritual

Recordando que pudo haber vivido
prodigando calor a un dulce nido
  que sin su amor quedó triste y vacío.
    Y por eso al morir hubo en su frente
    reflejada la huella que en su mente
  le dejara el fantasma del hastío.

Se oían del lejano campanario
  las notas de su lúgubre balada,
y aun yo meditaba en el calvario
  al que la vida vive encadenada.

Nuestro espíritu es siempre visionario,
  que ve en la negra noche una alborada.
Para morir tranquilo es necesario
  que al vivir nunca sobre o falte nada.

Su semblante mostró desesperado
al morir, la mujer que hubo deseado
  los mágicos placeres de la vida.
    Y la otra un continuo desvarío
    fue su aliento postrer, gesto de hastío
  al placer, y fue triste su partida.
       《《》》》

153

La Voz de Amor

Filosofando

Viajero de la vida, en tu semblante
 yo percibo una cruel melancolía:
Y solo el porque vas a cada instante,
 lamentando tus penas a porfía.

Solo, te haces la vida más amarga,
 sin pensar del dolor el gran misterio...
Hay quien lleve con gusto, mayor carga
 y sonría en su plena cautiverio.

Empéñate en buscar una sonrisa
 del triste caminar, como presea,
que el frío vendaval será una brisa,
 con solo que tú quieras que así sea.

Cuántos hay que pisando sobre rosas,
 sienten en sus plantas aspereza;
es porque ellos distintas ven las cosas,
 y forman del placer una tristeza.

»»

Poemas de Amor Espiritual

Cuántos hay que arrastrando una cadena,
   sonríen, con marcada complacencia;
ellos son los que en otros ven la pena,
   y es por eso agradable su existencia.

Viajero de la vida, en tu semblante,
   yo percibo una cruel melancolía:
Si es pesada tu carga, caminante...
   hay otras más pesadas todavía.

Por eso, caminante, si tu herida
   te atormenta, tranquilo ve sonriendo...
Vive menos quien piensa más su vida,
   que el que no se preocupa y va viviendo.

«« «» »»

La Voz de Amor

Maculae Cordis

De una humilde mansión, esta en la puerta
  acurrucado un mísero mendigo:
Todo su cuerpo es una llaga abierta;
  no hay quien bajo su techo le dé abrigo.

Está semi cubierto por la nieve,
  por el hambre, su estómago roído,
es su respiración un soplo leve
  y su implorante voz, débil gemido.

Un obrero se asoma en la ventana
y con trémula voz le habla el mendigo:
-Acógeme en tu casa hasta mañana
  y la paz del Señor será contigo.

Al mendigo el obrero dice airado:
  -Un alojo en mi hogar no puedo darte;
por la lepra, tu cuerpo está manchado
  y no quiero contagio... Vé a otra parte.

»»

-Que tu humilde mansión me sea propicia,
   le dice un criminal al vil obrero
-¡Maté y robé, me sigue la justicia,
   ocúltame y tendrás mucho dinero!

-Pasa hermano, tendrás caliente lecho
   y a tu peligro, sin igual conjuro;
encontrarás bajo mi humilde techo
   un escondite cómodo y seguro.

El mendigo, le replicó con calma,
   olvidando su física dolencia:
-¡A quien acoges, trae manchada el alma,
   y tu tienes manchada la conciencia...!

¡Mortal estulto, tu razón ensancha;
   Que nunca en ella anide el vil engaño:
que la lepra del alma es la que mancha...
   las manchas de la piel no te hacen daño...!

«« » »»

La Voz de Amor

Noche Tumularia

Noche espectral, vagarosa y triste,
  Como un conjunto de eternidades:
En tus tinieblas mi vida existe
y es porque mi alma de luto viste:
  Luto de efímeras realidades.

Antaño alegre me sonreía
  la blanca aurora; cual bella Almea:
Y en los vergeles del alma mía
albos torrentes de luz cernía,
  torrentes puros de luz Febea.

Allá en antaño me refrescaba
  con brisas tenues la primavera:
Y mi alma toda se perfumaba
cuando inocente flor exhalaba
  sutil perfume a la luz primera.

Allá en antaño me adormecía
  con sus murmullos y arroyuelo,
y ensimismado así mi sentía,
pasar las horas, pasar el día,
  bajo el paisaje de un claro cielo.

»»

Poemas de Amor Espiritual

Hogaño solo la noche obscura,
    como un abismo desconocido,
circunda a mi alma con su negrura
y en ella imprime la cruel figura
    que representa un eterno olvido.

Hogaño solo dardo punzante
    hay en mi senda, que va al misterio:
Mi amor se aleja de mi, distante;
como la vida se va al instante
    de los jardines del cementerio.

Hogaño vanme ya adormeciendo
    con su mutismo, noches enteras,
y poco a poco ya voy sintiendo
que ya mi vida se va extinguiendo
    como luz débil en las cavernas.

Traes a mi alma, tétrica noche,
    presagio de algo desconocido:
Como un conjuro o cual un reproche
traes en la vida el funesto broche,
    traes las tinieblas, traes el olvido.

««»»

La Voz de Amor

Todo Pasa

Van pasando entre las brumas de los tiempos fugitivos
    vendavales y miserias, arrastrando nuestra vida:
Y seguimos por la senda, caminando pensativos,
    soportando del destino, su feroz acometida.

Ya pasaron nuestros sueños inocentes de la infancia,
    y con ellos mil dulzuras inefables y divinas...
hoy circunda a nuestras almas una gran exuberancia
    de tristezas que nos duermen en un tálamo de espinas.

Han pasado aquellos tiempos en que tú y yo nos amamos
    Con amores que creímos que por siempre durarían:
Hoy las cumbres de añoranza solitarios escalamos...
    Ya no siguen nuestras almas los senderos que seguían

Y pasaron tristemente los momentos más hermosos,
    los momentos más felices y más bellos que tuvimos:
Dos amantes corazones palpitaron amorosos,
    esto fue cuando nosotros el primer amor sentimos.

 »»

Poemas de Amor Espiritual

Hoy tan solo los recuerdos del amor que nos unía
   han quedado en nuestras mentes, como algo indestructible,
como un algo que impregnado de fatal melancolía,
   va dejando en nuestras almas, el dolor de un imposible.

Pero así cual han pasado las más gratas ilusiones
   pasarán esos tristísimos recuerdos que nos hieren,
y vendrán otros placeres y otras nuevas impresiones;
   aunque nunca tan hermosas cual las dichas que se mueren.

Como pasan los reflejos de las bellas esperanzas,
   cual se pasan las tristezas como ráfagas de invierno:
Así pasan los placeres, ilusiones y añoranzas,
   y así pasa nuestra vida caminando hacia lo eterno.

««◊»»

De Tu Yo

Escucha peregrina: en ti se encierra
   un misterio, que te es incomprensible
y lleva una misión sobre la tierra,
   sublime y grande y a la vez ¡terrible!

En ciertas épocas a tu alma aterra
   con su recta justicia irremisible;
el portón de la ventura cierra
   y evitar su castigo, es imposible.

Esa esencia divina, cada hora,
te señala la senda bienhechora
   que debes de seguir por la existencia.

Es preciso que tú el bien abrigues
porque es terrible, si su ley no sigues...
   ese gran misterio es ¡la conciencia!

«‹«»›»

Poemas de Amor Espiritual

www.ingramcontent.com/pod-product-compliance
Lightning Source LLC
Chambersburg PA
CBHW070614300426
44113CB00010B/1526